परिक्रमा

परिक्रमा

विजयदान देथा

वाणी प्रकाशन

वाणी प्रकाशन

4695, 21-ए, दरियागंज, नयी दिल्ली 110 002

शाखा

अशोक राजपथ, पटना 800 004

फ़ोन: +91 11 23273167 फ़ैक्स: +91 11 23275710

www.vaniprakashan.in
vaniprakashan@gmail.com

PARIKRAMA
by Vijaydaan Detha

ISBN : 978-93-5072-947-2
Stories

प्रथम संस्करण 2015

मूल्य : ₹ 100

हर्ष प्रिंटर्स, दिल्ली-110 093 में मुद्रित

वाणी प्रकाशन का लोगो मक़बूल फ़िदा हुसेन की कूची से

अनुक्रम

परिक्रमा
07

उजाले के मुसाहिब
30

आशा अमरधन
44

सपना
55

घड़े की सीख
70

परिक्रमा

किसी एक समय की लहरों पर जल-जमुना के किनारे एक मछुआ रहता था। टूटी झोंपड़ी और टूटा हुआ ही आँगन। पानी की आस और पानी के सहारे बड़ी मुश्किल से वह अपने दिन तोड़ रहा था। दो-दो बरस के अन्तराल से उसके तीन बच्चे थे। एक बेटा और दो बेटियाँ। सबसे बड़ा लड़का फकत सात बरस का था। मछुआ बहुत सीधा, नेक, सन्तोषी और कर्मठ था। मछुआइन कर्कश, फूहड़, लोभी और ओछे स्वभाव की थी।

मछुआ नदी की रग-रग पहचानता था। गुजर-बसर के लिए उसके पास एक साबुत नाव और एक साबुत जाल। नदिया के पार किराये पर यात्री उतारने के साथ-साथ वह नाव में हाट-बाजार का माल भी दूर-दूर तक ढोता था। दूसरे किनारे पर बनिये की एक तिमंजिली हवेली थी। जब कभी जरूरत पड़ती तो वह मछुए की नाव किराये पर लेता। किराये के काम से फारिग होकर वह जाल से मछलियाँ पकड़ता। पर उस दौरान उसका मन बड़ा छटपटाता था। किन्तु भूख की छटपटाहट उससे भी ज्यादा थी। टोटे और कसाले का हरदम रोना रोती मछुआइन टोकरी में मछलियाँ लेकर बस्ती में बेचने के लिए जाती।

टोटे की लगातार मार के आगे न बच्चों का रिरियाना मिटता और न मछुआइन का रोना-धोना। बनिये की बढ़ती हुई बहबूदी, उसकी तिमंजिली हवेली मछुआइन की आँखों में किरकिरी ज्यों खटकती थी। उसके देखते-देखते बनिए की झोंपड़ी तिमंजिली हवेली का रूप धरकर इतनी ऊँची बढ़ गयी। घड़ाई के झरोखे और जालियाँ देख-देख कर मछुआइन की छाती में छलनी के उनमान छेद-ही-छेद हो गये। झल्लाकर मछुए को जलील करती कि उसके पीछे आकर उसने कितने संकट झेले हैं। हैसियत और हिम्मत न होने पर उसे न तो ब्याह के लिए मुँह धोना था और न बच्चे पैदा करने थे।

मछुआ खामख्वाह किसी प्रकार का फसाद न करके हर बार फकत सन्तोष की ही सीख देता पर वैसी बेजा सीख मछुआइन के गले नहीं उतरती। हमेशा की किटकिट से तंग आकर एक दिन मछुए ने कहा, 'भली मानुस, इस बनिए के ऐसा क्या तुर्रा बँधा है? कुछ सोच तो सही। वह भी जीता है, हम भी जीते

हैं। उसकी अपेक्षा हमें अच्छी भूख लगती है। बढ़िया नींद आती है। पसीने की खरी कमाई खाते हैं और पचाते हैं। वह जिस हवा में साँस लेता है, हम भी उसी में साँस लेते हैं। बरखा, चाँदनी और उजाले का आनन्द उठाते हैं सो अलग। और अन्त में मौत आने पर वह भी मरता है, हम भी मरते हैं।'

अँगुलियों के कटके निकालती मछुआइन पति व सुहाग का जतन बिसराकर गुस्से में कहती, 'तुम्हें मरना हो तो उसके साथ शौक से मरो पर मुझे तो सुख से जीना है।'

अब तो कुछ कहने-सुनने की गुंजाइश ही नहीं बची। मछुआ एक गहरा निःश्वास छोड़कर बोला, 'यदि मेरे मरने से तुझे सुख मिलता हो तो मैं तेरी खातिर राजी-खुशी मरने को भी तैयार हूँ।'

मछुआइन के मुँह में तो किसी तरह की कोई लगाम थी नहीं। मुँह बिदकाकर बोली, 'जैसा जी कर निहाल किया, वैसा मर कर भी करोगे।'

रोजमर्रा का राग बड़ा होता है। चाहे वह पूजा-पाठ का हो चाहे किटकिट का। आखिर मछुआइन का फसाद फला। संजोग की बात और तारों जड़ी रात कि एक बार तीन दिन तक नाव के किराये का जुगाड़ नहीं बना तो मछुए ने मजबूर होकर बेमन से नदी में जाल बिछाया। काफी देर माथाफोड़ी करने के बाद फकत एक मछली फँसी। पर खासी बड़ी। एक जून का इन्तजाम तो पुख्ता हुआ। पानी का जीव हवा में बिना मारे अपने-आप ही मर जाता है, सो तो ठीक है, पर छटपटाता बहुत है। यह बात अच्छी नहीं। इससे मछुए का मन भी बहुत तड़पता था।

नदी की राह उचक-उचककर निहारती मछुआइन बाहर ही खड़ी थी। पति को आते देखा तो और अधिक दुखी हुई। इस निकम्मे मरदूद की वजह से ही वह इतना कष्ट उठा रही है। किसी खुशहाल मछुए का हाथ पकड़ती तो सुख पाती। यह अभागा मछुआ तो उलटा घरवाली के सौभाग्य में भी अड़चन डालता है।

मछुआ पास आया तो उसने भिनभिनाते जाल छीन लिया। देखा तो फकत एक मछली। दुत्कारते बोली, 'नासपीटे, इतनी देर से आया और जाल खाली। इस एक मछली से मैं किस-किस का पेट भरूँगी?'

मछुए का मुँह उतर गया। धीमे से बोला, 'मेरे तो आज उपवास है। फिर एक जून तो यह मछली काफी।'

मछुआइन ने तड़ककर कहा, 'और साँझ को क्या तेरा कलेजा राँधूँगी?'

मछुए से कुछ भी जवाब देते नहीं बन पड़ा तो गरदन झुकाए चुपचाप खड़ा रहा। मगर जाल खोलने पर जिस सोन-मछली पर उसकी नज़र पड़ी तो वह

हक्का-बक्का रह गया। ऐसी शानदार सुरंगी मछली तो उसने कभी नहीं देखी। और न बूढ़े-बुजुर्गों से ऐसी मछली के बारे में चर्चा ही सुनी। मछुआइन की आँखों में टुकुर-टुकुर निहारती वह सोन-मछली लटपट-लटपट करने लगी। मछुए की आँखें भर आयीं। भीगे सुर में बोला, 'पहले पता होता तो इसे यहाँ लाता ही नहीं। ऐसी मछली को खाने की इच्छा ही नहीं होती। अभी कुछ ही देर में जाल भर कर मछलियाँ ले आता हूँ। तुझे मेरी कसम, इस मछली को मत पका।'

पति के मुँह से यह बेहूदी बात सुनकर मछुआइन आगबबूला हो गयी। मुँह मस्कोरकर कहने लगी, 'मैं तुम जैसी सिरफिरी नहीं हूँ, सो हाथ लगी मछली को वापस नदी में छुड़वा दूँ। यह तो अब हंडियाँ के ही हवाले होगी। जिन्दगी में पहली बार ऐसी सुन्दर मछली खाने का सुख मिलेगा, उसे तुम जैसे बौड़म के कहे-कहे वापस बहा दूँ? मैं तो आज ही डट कर रोटी खाऊँगी और तुम बिना सोचे-समझे उसमें भाँजी पटक रहे हो?'

मछुए ने खूब निहोरे किये पर वह कर्कशा मछुआइन नहीं मानी सो नहीं मानी। मछुआ जाल में मछली लेकर आया तब तक उसने माँग-ताँग कर तेल इकट्ठा कर लिया था। चूल्हा जलाकर हंडियाँ में झटपट तेल चढ़ाया। सोन-मछरिया को देखने से ही उसके मुँह में पानी भर आया तो खाने पर राम-जाने कैसा आनन्द आएगा। तेल उबलते ही जब वह पूँछ पकड़कर उसे अन्दर डालने लगी तब मछली बोली, 'मछुआइन मुझे हंडियाँ में मत छोड़, मैं तेरे बहुत काम आऊँगी।'

मछली की बात सुनकर मछुआइन चौंकी तो जरूर पर उसके हाथ से मछली छूटी नहीं। उलटे अनजान में जकड़ और मजबूत हो गयी। एक कदम पीछे हटकर मछली को मुँह की तरफ से पकड़ा। मछुआइन को सोन-मछली की आँखों में बेटी के प्रेम की सी झलक दिखलाई पड़ी। वह घुर-घुर मछुआइन की आँखों में झाँक रही थी। चमकती आँखों की आभा सचमुच विश्वास करने लायक थी। सोन-मछली आगे कहने लगी, 'मैं इन्द्रलोक की अप्सरा हूँ। रात को तेरस की चाँदनी में मछली का रूप धर कर जमुना में नहाने आयी। सारी रात तैरने पर भी मन नहीं भरा। तैरना-तैरना तो मछलियों का। बाकी सब झंझट! इन्द्रलोक की अप्सरा होकर भी मैंने नहाने का ऐसा आनन्द नहीं उठाया। पर तड़के दुर्भाग्य से मछुए के जाल में फँस गयी। इन्द्र भगवान मेरी बाट जोह रहे होंगे। मुझे वापस अपने हाथ से जमुना के पानी में छोड़ दे। वरना घड़ी-पलक में मेरी साँस निकल जाएगी। मैं मंशा-मुताबिक तुम्हें वर दूँगी। अब फुरती करो।'

सोन-मछली की यह अरदास सुनकर मछुआइन दुविधा में फँस गयी—क्या करे, क्या न करे! मगर पास खड़े मछुए का धीरज छूट गया। उसने झपटकर घरवाली के हाथ से मछली छीन ली और सीधा नदी की राह दौड़ता नजर आया। मछुआइन भी सरपट पीछे दौड़ी। वह गला फाड़-फाड़ कर खूब चिल्लायी पर मछुए ने तो पीछे मुड़कर ही नहीं देखा। फासला बढ़ता ही गया।

किनारे के पास आते ही मछुए ने सोन-मछली पानी में फेंक दी। निर्मल ठण्डे पानी में वह किलोलें करने लगी। मछुए की आँखों में आनन्द के आँसू छलक आये। पानी में सर्र-सर्र तैरती मछली कितनी खूबसूरत लगती है। बिना खाये-पीये बस देखते ही रहो—जैसे कोई सुनहरा सपना आँखों के सामने तैर रहा हो कि अचानक सोन-मछली एकदम किनारे से सटकर बोली, 'अब तेरी मंशा हो सो वर माँग। तूने मेरे प्राण बचाये...।'

मछुआ हाँफते-हाँफते कहने लगा, 'मुझे कुछ भी नहीं चाहिए...कुछ नहीं। तू बच गयी सो मैं ही बच गया...। अब तू गहरे पानी में अदीठ हो जा। वह हत्यारन तुझे और सताएगी।'

तब सोन-मछली मुसकराते बोली, 'तुझे माँगने में लाज आती हो तो मछुआइन को आने दे। अपना कौल निभाये बिना मैं कहीं नहीं जाऊँगी। आज तो मैं बची ज्यों ही बची। तेरे एहसान का बोझ लेकर मैं इन्द्रलोक तक नहीं उड़ सकती।'

'नहीं, मैंने कुछ भी एहसान नहीं किया...।' खुशी के मारे उससे आगे नहीं बोला गया तो हाथ के इशारे से जतलाया कि वह गहरे पानी में छिप जाए।

कि इतने में मछुआइन भी पास आ गयी। वह पति से जबरदस्त झगड़ा करना चाहती थी। पर हँफनी के कारण उससे कुछ बोला नहीं गया। मछुआ उसके मन की बात समझ गया। इतने बरस दबी हुई घुटन राम-जाने इस वक्त क्योंकर भभकी! वह घरवाली की ओर आँखें निकालते कड़ककर बोला, 'बहुत दिन हुए मुझे गम खाते हुए। यदि आज बकवास की तो जीभ खींच लूँगा—समझी...। तू है किस होश में।'

फिर सोन-मछली की तरफ देखकर कहने लगा, 'भोली मछली, तू इस डायन के लच्छन नहीं जानती। दूर पानी में दुबक जा। दूसरी बार इसके हाथ आ गयी तो तुझे जिन्दा नहीं छोड़ेगी।'

पति का यह व्यवहार तो मछुआइन के लिए सपने की तरह अज्ञात था। भीतर-ही-भीतर थोड़ी सहमकर रह गयी। आज माजरा दूसरा है—जानकर ही चुप रही।

पानी में दूर खिसकने की बजाय सोन-मछली और भी करीब आकर

बोली, 'मैं ऐसी नुगरी नहीं हूँ। मछुआइन की इच्छानुसार कुछ-न-कुछ वरदान देकर ही जाऊँगी। मुझे देर हो रही है, जल्दी माँग।'

कहीं यह जंजाल तो नहीं है। आँखें फाड़कर मछुआइन ने इधर-उधर देखा। पति गुमसुम पास खड़ा है। जमुना का पानी हिलोरें भरता हुआ नाच रहा है। सोन-मछली कुछ-न-कुछ वरदान देने को आतुर उसकी ओर टकटकी लगाये देख रही है। वह असमंजस में उलझ गयी। माँगने का ऐसा सुनहरा अवसर ही कहाँ आया था? मछली कहीं मजाक तो नहीं कर रही है? पानी के चंचल प्राणी की क्या बिसात कि इच्छानुसार उसके मन की कामना पूरी करे। पर माँगने की भी तो औकात होनी चाहिए। क्या माँगूँ? साल भर का अनाज या एक गैया। बच्चे दूध तो पीएँगे। या अपने लिए कुछ गहना–पाँवों में चाँदी की पायल का कितना शौक था। पिछले जापे में नागडसा बनिया डकार गया। बनिए का खयाल आते ही उसने गरदन उठाकर उधर देखा। तिमंजिली हवेली दिप-दिप कर रही थी। मछुआइन की हँफनी पूरी तरह मिटी नहीं थी। मुँह से कुछ गलत बोल न फिसल जाएँ। उसने हवेली की ओर अपनी चेतना के परे अजाने ही हाथ का इशारा किया। सोन-मछली अदेर उसके मन की बात समझ गयी। मुसकराते पूछा, 'क्या ऐसी हवेली के लिए मन ललचा रहा है?'

ऐसा सुखद सपना भी हो तो क्या बुरा है। उसने गरदन हिलाकर हामी भरी। तब सोन-मछरिया खुशी के मारे किलोलें करती बोली, 'इसमें इतने संकोच की क्या बात? जा, तेरी झोंपड़ी की ठौर इससे भी बढ़िया हवेली शान से खड़ी मिलेगी। अब तो खुश...?'

मछुआइन की तर्राट जीभ से अब कहीं 'हाँ' का बोल निकला। चंचल मछली बिना कुछ पूछे ही कहने लगी, 'इन्द्र भगवान के लिए मेरे मन में कोई खास आदर नहीं है, फिर भी मुझे जाना तो पड़ेगा ही। इच्छा तो ऐसी हो रही है कि बाकी उम्र तेरे मछुए के साथ ही गुजार दूँ। इन्द्रलोक में ऐसा भला-मानुस एक भी नहीं है। पर तेरा मन नहीं मानेगा। अच्छा तो अब चलूँ। एक ही बार में सारी बातें याद न भी आयें तो कोई बात नहीं। मैं तो चितारते ही हाजिर हो जाऊँगी। हवेली देखने पर तुझे भी मेरी तरह अपार खुशी होगी। जाकर अपनी आँखों से एक बार देख तो सही।'

इतना कहकर सोन-मछली तत्काल ओझल हो गयी। जमुना उसी तरह अपनी मन्थर गति से बह रही थी–बलखाती, कलकल करती, छलछल करती।

मछुआइन ने मुड़कर पीछे देखा। सचमुच टूटी झोंपड़ी की ठौर तिमंजिली हवेली शान से अविचल खड़ी है। उसके आनन्द का पार नहीं रहा। जमुना

की लहरों में नजर गड़ाए पति को झँझोड़कर कहने लगी, 'वह देखो, वह देखो! मुड़कर देखो तो सही, अपनी हवेली सेठ की हवेली से कहीं ज्यादा सुन्दर है। बड़ी है।'

मगर मछुआ तो उसी तरह काठ के पुतले की नाईं खड़ा था। जमुना की लहरों ने उसकी नजर को छोड़ा ही नहीं। खुशी में बौरायी पत्नी ने फिर वही बात दोहरायी, 'वह देखो, वह देखो...। अपनी हवेली सेठ की हवेली से कहीं ज्यादा सुन्दर है। मुड़कर देखो तो सही।'

अब कहीं मछुए को चेत हुआ। झिझककर बोला—हें...। उसका गुस्सा अब भी शान्त नहीं हुआ था। घरवाली को झिड़कते कहा, 'तुझे सुन्दर दिख रही है तो तू जा। मुझे तेरी हवेली की जरूरत नहीं।'

मछुआइन का तो जैसे काया-कल्प ही हो गया हो। गुड़ के समान मीठी वाणी में बोली, 'अब मैं तुमसे कभी तकरार नहीं करूँगी। मेरी कुमत जमुना के पानी में बह गयी। यदि तुम सोन-मछली नहीं लाते तो मेरी साध कैसे पूरी होती? यह बात मैं जिन्दगी भर याद रखूँगी। तुम्हारे बिना यह हवेली सूनी-सूनी लगेगी। यह तमाशा देखकर बच्चे कहीं डर गये होंगे। चलो, जल्दी चलो।'

मछुआइन के मुँह से पहली बार समझदारी के बोल निकले थे। मछुए के कानों को सुहाये तो फिर भी नहीं, पर मन-ही-मन खुश जरूर हुआ। बरसों की राड़ के आगे बाड़ खिंच गयी। घरवाली के निहोरे सुनते ही वह उसके साथ रवाना हो गया।

हवेली के बाहर खड़े तीनों बच्चे बुरी तरह रो रहे थे। माँ-बाप को आते देखा तो बड़ा लड़का उनकी तरफ दौड़ा। सुबकते-सुबकते कहने लगा, 'माँ, माँ अपनी झोंपड़ी को इस डायन ने एक ही निवाले में निगल डाला। अब हम कहाँ रहेंगे?'

ओढ़नी के पल्लू से बेटे के आँसू पोंछती मछुआइन दुलार के सुर में समझाने लगी, 'कहाँ क्या, इस हवेली में ही रहेंगे। यह हवेली अपनी है।'

बेटा और अधिक भयभीत हो गया। गरदन हिलाते बोला, 'मैं तो पिशाचों के इस डेरे में हरगिज नहीं रहूँगा। बड़ा डर लगता है।'

मछुए ने बड़े उदार मन से बेटे की बात का समर्थन करते कहा, 'बिलकुल ठीक कहता है। छोटा बच्चा तक जिस बात को आसानी से समझ गया और तू इतनी बड़ी होकर भी नहीं समझी, बड़े अचरज की बात है।'

मछुआइन ने सहज भाव से जवाब दिया, 'क्या खाक अचरज की बात है? झोंपड़ी तो मिट गयी, फिर हम इस हवेली के अलावा रहेंगे कहाँ, कुछ सोचो तो सही।'

'मैं तो सोच-सोच कर बूढ़ा हो गया हूँ, तू ही नहीं सोचती! अपनी हैसियत क्या इस हवेली लायक है?'

मछुआइन ने मुसकराहट को दबाने की विफल चेष्टा करते प्रतिवाद किया, 'आज नहीं तो कल लायक हो जाएगी। जन्म से कोई लायक होकर नहीं आता। औरों के बच्चों की नाईं राजकुँअर भी कें-कें करके रोते हैं। तुतलाते-तुतलाते ही बोलना सीखते हैं। राजा-बादशाह के बच्चे पैदा होने के साथ ही दौड़ने नहीं लग जाते। मुझसे साठ गुना समझदार होते हुए भी तुम क्यों बच्चों के सामने भोले बनते हो।'

'भगवान करे मैं इसी तरह भोला बना रहूँ। मुझे नहीं चाहिए तेरेवाली समझदारी। और कोई समझे न समझे मैं तेरी मुसकान का मायना खूब समझता हूँ। तू बार-बार सोन-मछली को तंग करके अपनी हैसियत बढ़ाएगी। तेरे लच्छन मुझसे छिपे हुए नहीं हैं।'

इस बार मछुआइन खुलकर हँसी। हाथ नचाते बोली, 'मैं पहलेवाली मछुआइन ही नहीं रही, वह तो जमुना के पानी में बह गयी, फिर मेरे लच्छन क्या पहचानोगे। तुम्हारी सेवा करने का मौका मिला है तो उसमें भाँजी मत डालो। तुम्हारे पाँव पड़ती हूँ, एक बार हवेली के भीतर तो चलो।'

इतना कहते ही मछुआइन वाकई पति के पाँव छूने को आगे बढ़ी। मछुआ चौंककर पीछे हटा, 'रहने दे तेरा तिरिया-चरित्तर। तेरी हवेली तुझे मुबारक हो। न मैं इसमें रहूँगा और न बच्चों को रहने दूँगा। मैं इनका बाप हूँ, कोई दुश्मन नहीं। क्या मेरे हाथ-पाँव टूट गये या मेरी नाव डूब गयी? क्या इन बच्चों के हाथ-पाँव नहीं हैं, इनके शरीर में पसीना नहीं है सो वरदान की हवेली का आसरा लेंगे, बोल।'

मछुआइन भला क्या बोलती? बोलना भूली नहीं थी, पर जानकर ही चुप रही। ये हाथ अब तक कहाँ गये थे? कोई लकवा तो नहीं मार गया था इन्हें। मर्द के पसीने की ऐसी ही करामात थी तो फिर अब तक झोंपड़ी की मरम्मत क्यों नहीं हुई? पति का पसीना कैसी खुशबू देता है, उसे सब पता है।

सामने दमकती भव्य हवेली को एक बार बाँकी चितवन से मछुआइन ने निहारा तो उसके नस-नस में रक्त का प्रवाह सनसनाने लगा? क्या यह उसकी हवेली है? बाहर खड़ी रहकर इसे कब तक यों देखती रहेगी? उसकी दो नन्ही पुतलियों में हवेली का रूप समा नहीं रहा था। सबके साथ भीतर चलने का आनन्द कुछ और ही है। सोन-मछली ने केवल उस अकेली को वह वरदान थोड़े ही दिया है। उसने पुचकार-पुचकारकर तीनों बच्चों को खूब समझाया पर

उनका डर नहीं मिटा। बड़े बेटे ने तंग आकर आखिर जवाब दिया कि बापू के बिना वह इस हवेली में पाँव तक नहीं रखेगा। जिस तरह देखते-देखते पलक झपकने के साथ खड़ी हुई तो क्या देखते-देखते ढह नहीं पड़ेगी? उसने माँ को भी अन्दर जाने से मना किया। पर भला वह क्यों मानने लगी! फिर सोन-मछली के वरदान का मतलब ही क्या? जिस तरह बनिए की हवेली, जिस तरह ठाकुर का गढ़, उसी तरह यह एक नयी और बला।

अब मछुआइन से एक पल भी बाहर खड़े रहना, उसके वश की बात नहीं थी। एक बार खुद अच्छी तरह पड़ताल कर ले, फिर सबको मना लेगी। तीन-चार बार पति की और चिरौरी की, पर वह टस-से-मस नहीं हुआ। तब एक स्वप्नचारी के उनमान वह दबे-दबे पाँवों से हवेली की ओर बढ़ी। हवेली उसके अन्तस् में उतरती जा रही थी। भीतर भी बाहर जैसा उजाला था, केवल धूप नहीं थी। चिकनी स्फटिक दीवारें काँच की तरह चमक रही थीं। हर कमरे में सुन्दर जालियाँ। विश्वास नहीं हुआ तो कई बार हाथ और कई बार गाल रगड़-रगड़कर उसने आजमाइश की तब कहीं उसे परस का भरोसा हुआ। एक-एक सीढ़ी ऊपर चढ़ती हुई उसने तीनों मंजिलों के चक्कर काटे। छत पर खड़ी होकर उसने हाथ ऊपर उठाया, ताकि आकाश को छू सके। लेकिन थोड़ी-सी दूरी रह गयी। तीन बार नीचे उतरी, फिर ऊपर चढ़ी तब कहीं उसकी गलतफहमी दूर हुई कि आकाश उतना ही ऊँचा है। तीन की जगह तीन सौ मंजिल का वर माँगती तब भी सोन-मछली को इतनी ही देर लगती। वहीं ऊपर बादलों के बीच ही नहाती, बिजलियों को बाँहों में भरती। हाथों से बनाने में समय लगता है, वरदान फलने में समय नहीं लगता।

सवेरे से पानी तक नहीं पीया। बार-बार चढ़ने-उतरने की कसरत से कड़ाके की भूख लगी तो उसने हवेली का कोना-कोना छान मारा, पर कहीं एक सूखा टुकड़ा भी हाथ नहीं लगा। झोंपड़ी में पाँच सोगरे बासी पड़े थे, वे भी मिल जाते तो एक-एक बाँट-बूँट कर खा लेते। झोंपड़ी के साथ वे भी नष्ट हो गये। मछुआइन के पेट में आग की लपट उठी जो गले को झुलसाती हुई बाहर निकल आयी। उसका उछाह धीरे-धीरे बैठने लगा। हवेली के मुताबिक सारी खामियाँ दूर हुए बिना कितना भद्दा लगेगा। टूटी झोंपड़ी में रहने से शान बिगड़ने का खतरा तो नहीं था। चिकनी दीवारों को चाटने से तो पेट भरेगा नहीं। सबसे पहले यह बात सूझनी चाहिए थी। मगर भोंदू पति से हरदम किटकिट करने के कारण कलेजा और दिमाग दोनों छलनी हो गये। सोन-मछली के प्रताप से अब कहीं सुख की झाँकी मिले तो मिले।

जाहिल पति से कुछ भी मशविरा किये बिना वह नदी की राह आगे बढ़ने लगी तो मछुए ने अधिकार के स्वर में गरजकर पूछा, 'कहाँ जा रही है तू?'

'सोन-मछली के पास।' उसने बिना रुके ही उत्तर दिया।

मछुए ने उसका पीछा करते कहा, 'देख, रुक जा। बार-बार उसे परेशान मत कर। मैं सब जुगाड़ बिठा लूँगा।'

'सिर्फ एक बार।' मछुआइन ने पीछे मुड़कर हाथ जोड़ते कहा, 'तुम्हें मेरी कसम, वापस लौट जाओ। इसके बाद सोन-मछली को कभी कष्ट दूँ तो मेरा सिर और तुम्हारी जूती।'

मछुए का गुस्सा हवा हो गया। तनिक मुसकराते कहा, 'मेरे पाँव में तो जूती है नहीं। बरसों से पहनी ही कहाँ। तभी तो तेरा हौसला इतना बढ़ गया।'

'इसीलिए तो सोन-मछली की शरण में जा रही हूँ। तुम्हारे लिए दो जोड़ी जूतियाँ भी माँग लूँगी। अब तो लौट जाओ। तुम्हारे साथ रहने से मेरी हिम्मत भी पस्त हो जाएगी।'

मछुआ घरवाली के उघड़े माथे की ओर देखता हुआ तेजी से पीछा कर रहा था कि अचानक उसकी दाहिनी एड़ी में बबूल की तीखी शूल गहरी गड़ गयी। सिसकारी भरते हुए धप्प से नीचे बैठ गया। पीछा करने की मन में रह गयी। झुँझलाते हुए जोर से चिल्लाया, 'तुझे मेरी कसम, एक कदम भी आगे बढ़ी तो मेरा मरा मुँह देखेगी। मेरे पाँव में शूल गड़ गयी है, नहीं तो चुट्टा खींचकर ले आता। रुक जा।'

मछुआइन फकत रुकी ही नहीं, वापस लौटकर उसके पास आयी। पति के अचरज की सीमा नहीं रही, जब वह उसके पाँव छूने की खातिर नीचे झुकी। क्षण भर के लिए वह शूल की कसक भूल गया। मछुआइन के मुँह से हलकी आह निकली, 'हे राम, इतनी लम्बी शूल। मैं तो बहाना समझ रही थी।' उसने तीखे नखों से झट शूल बाहर निकाली। ओढ़नी के पल्लू से खून पोंछकर, थूक लगाया। फिर कोहनियों तक हाथ जोड़कर बोली, 'तुम्हारी कसम मानकर रुक भी जाती पर अब नहीं रुकूँगी। इतने बरस हाड़-तोड़ मेहनत करके भी तुम शादी के बाद दूसरी जूती नहीं पहन सके, मेरे कलेजे में यह दरद इस शूल की तरह गड़ रहा है।' उसने खून से रँगी शूल दिखाते कहा, 'तुम्हारी राय के बिना अब मैं साँस भी नहीं लूँगी। कहोगे उतने कदम भरूँगी। हवेली तो निपट खाली पड़ी है, खाएँगे क्या? सोन-मछली से खाने का वरदान माँग लूँ, एकाध चीज और...बस।'

'पर मेरा मन कहता है, तू हरगिज बस नहीं करेगी। जरा सोच तो इस तरह निठल्ले बैठे वरदान फलते रहे तो अजगर की भाँति पसर जाएँगे। हाथ-पाँव हिलाना भूल गये तो इससे बड़ा और क्या दुःख होगा?'

'मैं फकत अपने लिए ही तो वरदान नहीं माँगती। सभी सुख पाएँगे।' और अधिक विनम्र बनकर कहने लगी, 'अभागे बच्चों ने अब तक सुख का नाम नहीं सुना, थोड़ा-बहुत इनका तो खयाल रखो। मरने से पहले हम सभी एक बार सुख का स्वाद तो चख लें।'

शूल की टीसती जगह पर मछुआ अँगुली फेरते बोला, 'फकत एक बार से मन नहीं भरेगा। बार-बार इसका स्वाद चखने की खातिर आदमी क्या कुछ नहीं करता। चोरी, डाका, हत्या, झूठ-साँच...न जाने क्या-क्या? मैं तो जानता तक नहीं। लोभ-लालच के मसले में पंछी-जानवर हमसे बहुत अच्छे हैं। झगड़े की तरह तू लालच करना भी छोड़ दे तो तुझ जैसी तू ही है। हथेली के छाले की तरह तुझे रखूँगा। अच्छा जा, पर आगे के लिए मेरी कसम खा कि तू सोन-मछली से वरदान नहीं माँगेगी।'

'झूठी कसम तो नहीं खाऊँगी, मगर तुम्हारी राय के बिना पानी भी नहीं पीऊँगी।' और वह नदी की राह दौड़ पड़ी। शूल के कारण एक ठौर बैठा मछुआ घरवाली की पीठ निरखता रहा। मन-ही-मन बड़बड़ाया, 'अब यह सन्तोष करने वाली नहीं है।'

नदी के किनारे पहुँचने से पहले ही वह सोन-मछली को चितारने लगी। और जब किनारे पर पहुँची तो वह निर्मल पानी में तैर रही थी। हवेली का समाचार पूछते ही मछुआइन मुँह उतारकर बोली, 'सूनी हवेली से क्या सिर फोड़ें? हवेली की मर्यादा के अनुसार वैसा ठाट-बाट नहीं होने से उलटे हमारा मान बिगड़ता है। सेठजी से सवाई सजावट और सवाई माया हुए बगैर यह हवेली भद्दी लगती है। खाऊँ-खाऊँ करती है।'

तब सोन-मछली चाँदी-सी धवल मुसकान छलकाते कहने लगी, 'यह तो मैं पहले ही जानती थी। पर किसी के माँगे बिना वरदान नहीं देती। जा, तेरी यह मंशा भी पूरी होगी। फिर भी कोई कामना हो तो मुझे निःसंकोच बताना। मैं याद करते ही मिलूँगी।'

मछुआइन को पता ही नहीं चला कि सोन-मछली बात करते-करते कब अन्तर्धान हो गयी। किनारों के बन्धन में जकड़ी जमुना उसी तरह मन्थर गति से बह रही थी। बलखाती। कल-कल करती। छलछल करती। मछुआइन तो फिर एक पल भी वहाँ नहीं रुकी। फर्राट दौड़ते हुए हवेली की राह पकड़ी।

कुछ ही दूर पहुँची कि सामने लँगड़ाता हुआ मछुआ नजर आया। और तेज भागते हुए चिल्लायी, 'वहीं रुको, तुम क्यों बेकार तकलीफ कर रहे हो, मैं आ ही रही हूँ।'

घरवाली की मनाही के बावजूद मछुआ चलता रहा। रुकना उसके वश की बात नहीं थी। उसकी मंशा अब भी मना करने की थी। इन्द्रलोक से इतनी जल्दी तो वह क्या आ सकेगी। वक्त तो लगेगा ही। तब तक वह लँगड़ाता-लँगड़ाता पहुँच ही जाएगा। पर यह तो खुशी में दौड़ती चली आ रही है। पास आते ही पूछा, 'क्यों, मिल गयी न सोन-मछरिया?'

'मिलती कैसे नहीं मुझसे ही पहले पहुँच चुकी थी। लगता है, उसे वरदान देने की उतावली मुझसे भी ज्यादा है।'

'फिर तो कोई साध बाकी नहीं रही?'

'अब जरूरत ही क्या है?'

'तुझे नयी जरूरत पैदा करते क्या बरस लगेंगे। तेरा भरोसा नहीं होता।'

लँगड़ाते पति का हाथ अपने कन्धे पर सलीके से धरा और कहने लगी, 'अब भरोसा ही समझो। जब सेठजी से सवाये ठाठ-बाट का वरदान माँगा है तो और क्या चाहिए? उन्हें तो इतनी माया जोड़ने में कई बरस खप गये, पर मुझे तो फकत दो बार ही होंठ खोलने पड़े।'

'यही तो सबसे बड़ा अभिशाप है, पर तू समझेगी नहीं।'

'समझने के लिए अब और बचा भी क्या है?'

'मन की चाहना मिटे बिना सभी कुछ तो बचा हुआ है।'

'अब तुम्हें कैसे भरोसा दिलाऊँ?'

'जब तू आगे एक भी वरदान के लिए जमुना के किनारे नहीं जाएगी, तो अपने-आप भरोसा हो जाएगा।'

थोड़ा सोचकर मछुआइन कहने लगी, 'जमुना के किनारे तो जाऊँगी, पर सोन-मछली को भूल से भी नहीं चितारूँगी।'

'तब जमुना के किनारे शौक से जा।'

'तुम्हारी आज्ञा है।'

'उसकी जरूरत ही नहीं, तेरा मन बस में रखना।'

'अब मेरा मन तुमसे अलग ही कहाँ है, तुम्हीं उसका ध्यान रखना।'

बच्चे हवेली से बाहर खड़े माँ-बाप का इन्तजार कर रहे थे। छोटी बेटी रुआँसी होकर बोली, 'माँ भूख लगी है, बड़ी जोर से भूख लगी है।'

माँ ने पुचकारते कहा, 'बस, थोड़ी देर सबर रखो। अभी गावे घी में

झरझरता हलवा बनाकर लाती हूँ।'

हलवे का नाम सुनकर बच्चे तो खुश हुए, पर मछुए के दिल पर जैसे गिद्ध का पंजा पड़ा हो। अटकते-अटकते बोला, 'क्या इसी तरह मन को बस में रखेगी?'

मछुआइन की अक्ल भी शायद सवाई बढ़ गयी थी। गुमान दरसाते कहने लगी, 'मैं माँ हूँ, नौ महीने रूखी-सूखी खाकर मैंने बच्चों को कोख में पाला है। अब मौका मिला है तो पिछली सारी कसर निकालूँगी। बनियों के बच्चे ही क्या हलवा खाना जानते हैं, मेरे बच्चे क्या अब भी तरसते रहेंगे?'

मछुए ने कपाल ठोंकते कहा, 'तू जाने और तेरे बच्चे जानें। पर मैं तो रूखी दाल-रोटी के सिवाय कुछ भी नहीं खाऊँगा।'

'फकत आज-आज मेरा कहा मान जाओ। फिर तो जँचे सो खाना, पहनना। मैं जिद नहीं करूँगी।'

'बस, एक बार आदत खराब पड़ी सो पड़ी। मैं तो गलत डगर पर पाँव रखूँ ही नहीं। बस्ती के लोग जिस तरह रहेंगे, मेरा भी वही ढब होगा। मुझे बनियों से ईर्ष्या नहीं करनी है, आम आदमी का साथ निभाना है। नहीं तो राम के सामने क्या मुँह दिखाऊँगा।'

मछुआइन पति से बहसबाजी में बिलकुल नहीं उलझना चाहती थी। पर उस वेला बढ़िया-सा जवाब सूझा तो उससे रहा नहीं गया। 'राम तो न जाने कब मुँह देखेंगे कि नहीं देखेंगे, पर मुझे बच्चों को हरदम मुँह दिखाना है। फिर इस ठाठ-बाट का मतलब ही क्या?'

सचमुच मछुआइन की हवेली के ठाठ-बाट निराले थे। क्या घी, तेल, खाँड, बिछौने और बर्तन-बासन। सौ बीघा जमीन, बनिए से ज्यादा उपजाऊ। गाय, बैल, गाड़ी व रथ। किराने की बड़ी-सी दुकान। बनिए से हर चीज सस्ती और उम्दा। बस्ती के ग्राहक उधर ही खिंचे आते। माँ के साथ-साथ बड़े बेटे ने सब हुनर सीख लिए। बापू का भी कहा मानता, माँ को भी नाराज नहीं करता।

हवेली के ठाठ-बाट से मछुए का स्वभाव तो रंचमात्र भी नहीं बदला, पर मछुआइन के स्वभाव में जबरदस्त बदलाव आ गया, जैसे वह कोई दूसरी ही औरत हो। बच्चों का दुलार, पति की सेवा, शहद-सी मीठी बोली। कलह से कोसों दूर। जो भी नयी हवेली पर आस लेकर आया, उसे मुँह की बजाय हाथ से उत्तर दिया। वह लड़े तो अब लड़े पहले तो टोटा लड़ता था। शरीर पर यौवन की आभा फिर से लौट आयी। आराम और ऐश्वर्य की ऐसी ही रंगत होती है।

और मछुआ तो पहले भी मस्त था। हवेली की बहबूदी के बावजूद खुश था। बढ़ते ठाट-बाट के साथ उसने अपनी सुविधाएँ बिलकुल नहीं बढ़ायीं। घरवाली के शान्त स्वभाव से मानो लाख-लाख भरपाये। सोन-मछली के बाद नदी में जाल फेंकने से मछुए को भयंकर नफरत हो गयी। नाव का किराया खूब मिलने लगा। जो भी उसकी नाव में बैठता या माल भेजता, उसका भाग्य फलता। यदि मछुआ मना नहीं करे तो उसे साँस लेने की वेला नहीं थी।

अपने किनारों के बन्धन में जकड़ी जमुना मन्थर गति से बह रही थी। बल खाती। कलकल करती। छलछल करती।

पल-पल बदलती नदी की लहर-लहर से मछुआ भली-भाँति परिचित था। मछुआइन को भी अपनी हालत से पूरमपूर सन्तोष था। उस हवेली के ठाठ-बाट से आगे सुख की कोई सीमा नहीं थी। और यदि थी भी तो मछुआइन को उसका पता नहीं था। उसका सुख-सन्तोष उसकी जानकारी की सीमा से घिरा था। जानकारी की सीमा ही उसके ज्ञान की सीमा थी। वह एकदम राजी थी। उसका राम राजी था। पर उनके सुख व सन्तोष से ठिकाने के अमले राजी नहीं थे। ठाकुर के कानों में हवा रोज चुगलियाँ करती कि कोई अचीती माया मछुए के हाथ लगी है। बनिए ने फूँक मारी कि मछुए ने जरूर कोई बड़ा डाका डाला है या कोई बड़ी चोरी की है। ठाकुर को चौथ का हिसाब समझाये बगैर वह कब कब यों ऐश करता रहेगा। ऐसी छूट मिलने पर तो वह किसी की परवाह नहीं करेगा। नेक बनिए की तरह उसने कोई नजराना भी तो ठाकुर को नहीं दिया। इतनी हेकड़ी। जब ढेर सारी चुगलियों से ठाकुर के कान भर गए तो उसके क्रोध का पार नहीं रहा। बारूद की नाईं भभक उठा। कणवारिये को तो मालिक के इसी आदेश का इन्तजार था। हरामी मछुए को अदेर बुलाने की खातिर वह तारों से गुँथी लाठी लेकर, मूँछों पर ताव देता हुआ मछुए की हवेली पहुँचा।

मछुआ तो ठाकुर का आदेश सुनते ही बिना किसी हील-हुज्जत के रवाना हो गया। साँच को आँच क्या? पर जिस जगह उसे जाना था, वहाँ हमेशा साँच को ही आँच लगती थी और झूठ हमेशा निर्दोष साबित होता था। बिना कुछ कहे-सुने मछुआइन भी उसके पीछे-पीछे चल दी। भोले पति पर अब भी उसे पूरा भरोसा नहीं था।

ठाकुर के कामदार ने बार-बार पूछताछ की तो मछुआइन को बड़ा बुरा लगा। उसके सुख-सन्तोष से लोगों को क्या सरोकार! बड़ी मुश्किल से सुख का फन्दा कटा था। पर तंग करनेवाले लोग तो तंग करते ही हैं। बिच्छू को

मौका मिले तो वह विधाता का भी लिहाज नहीं रखे। अदेर जहरीला डंक मार दे। नयी हवेली के सुख से ठिकाने के बिच्छुओं को जलन होने लगी तो वे क्योंकर बेखबर रहते। कामदार के बेढंगे सवालों से आखिर वह अपना धीरज खो बैठी तो तड़ककर बोली, 'मुझ पर किसी का कोई एहसान नहीं है। चुगलखोर जलें तो जलें। जो चोरी करेगा वह डरेगा। जो डाका डालेगा वह मरेगा। मेरी जूती भी अब बयान नहीं देगी।'

मछुआइन की उस अचीती हेकड़ी से ठाकुर के पुश्तैनी रोष को जैसे पलीता लगा हो! नशे में धुत झूमता बोला, 'राँड के माथे में बादी भर गयी लगती है। मुरगा बनाकर सवा मन का पत्थर रखो पीठ पर, तब कहीं इसकी बादी झड़ेगी। दोनों नये उमरावों की मुश्कें बाँधकर अस्तबल में पटक दो। अपने-आप अक्ल दुरुस्त हो जाएगी। इस पर भी ऐंठ नहीं मिटे तो राँड को किशनिया बावरी के हवाले कर दो। एक ही रात में टें बोल जाएगी। बेचारे मछुए के घुटनों में इतनी ताकत नहीं है। समझ गए।'

'हाँ, समझ गए हुजूर।'

'तब फिर ढील किस बात की है?'

मछुआ तो गूँगे की तरह स्तब्ध खड़ा था। जैसे कोई बुरा सपना देख रहा हो। पर मछुआइन पूरी तरह सतर्क थी। अब कहीं उसे चेत हुआ कि दुनिया में उसके अलावा भी एक बड़ी ताकत और है! उससे भी बड़ा हैसियतवाला और उससे भी बड़ा सत्ताधारी है, जिसके आदेश को कोई टाल नहीं सकता। ठिकाने के तेवर की तुलना में हवेली की सारी हेकड़ी झड़ गयी। इसकी अपेक्षा तो झोंपड़ी की सादगी बेहतर थी। चलते रास्ते किसी की धौंस तो सुननी नहीं पड़ती थी। किसी तरह चिरौरी करके वह ठाकुर की आज्ञा से जमुना के किनारे पहुँची। सच्चे मन से सोन-मछली का सुमिरन किया। और वह तो सुमिरन करते ही हाजिर! निर्मल नीर में किलोलें करने लगी। फिर मछुआइन को कैसी ढील। गुस्से के मारे उबल रही थी। ठाकुर और उसके अमलों को बुरा-भला कहती उनके अत्याचार को कोसने लगी तो सोन-मछली ने बीच में टोकते कहा, 'मुझे ठाकुर और उसके अत्याचार से कोई वास्ता नहीं। तेरी मंशा क्या है, सो बता।'

'पूरी कर दोगी?'

'क्यों नहीं? मैंने वचन जो दिया है।'

'तो फिर अपना वचन निभाओ। मेरा मछुआ इस ठिकाने का ठाकुर बने और मैं उसकी ठकुरानी।'

सोन-मछली पानी में घूमर लेते बोली, 'जो तू चाहती है, वही होगा, जा अपने गढ़ में ठाठ से जा।'

सोन-मछली के अदीठ होते ही वरदान तो फल गया पर मछुए के जी को बड़ी आफत हो गयी। ठाकुर होने पर तो ठकुराई करनी पड़ती है—अन्याय, अत्याचार, बेगार, और झूठ-ही-झूठ। पर वह तो ऐसी ठकुराई का सींग-पूँछ भी नहीं जानता। स्वयं को अच्छी तरह वश में रखना जानता था, लेकिन ठिकाने की रैयत को वश में रखना उसके बूते की बात नहीं थी। गढ़ के कोने-कोने और पत्थर-पत्थर में चुगली-चकारी, दुराचार व कुटिलता के जाले बिखरे पड़े थे। अमलों का उन्माद और क्रूर पाशविकता का मिथ्या दर्प। तिस पर मछुआइन का कदम-कदम पर गुमान। बेचारे मछुए की तो नींद हराम हो गयी। पहला मौका मिलते ही मछुआइन को अपनी विपदा दरसायी, 'बड़भागिन, तूने यह कैसा फन्दा मेरे गले में डाल दिया। एक पल भर का चैन भी मेरे लिए सपना हो गया। यहाँ की जहरीली हवा में मेरे लिए तो साँस भी लेना मुश्किल है और तू मौज मना रही है।'

मछुए को समझाना बहुत जरूरी था, वरना अपनी सनक में वह ठिकाना छोड़कर कब लापता हो जाए? फिर बिना ठाकुर के वह किसकी ठकुरानी कहलाएगी। उसकी मौजूदगी यहाँ हवा की तरह जरूरी है। नाक में सलवटें डालकर तीखी आवाज में बोली, 'यदि ठाकुर के अस्तबल में गठड़ी की तरह पड़े रहते...।'

'इससे तो अच्छा था।' मछुए ने बीच में टोक कर उतावली से कहा।

ठकुरानी के दिल को वाकई बड़ा धक्का लगा। आखिरी दाँव लगाया, 'हाँ, खूब अच्छा रहता जब मैं किशनिया बावरी की बगल में तड़पती रहती! क्यों? तुम बर्दाश्त कर लेते? बोलो।'

उस दहकते प्रश्न का उसके पास कोई उत्तर नहीं था। फिर क्या बोलता! घरवाली के मुँह की ओर घुर-घुर ताकता रहा। मानो उसकी जीभ को लकवा मार गया हो। ठकुरानी तुरन्त भाँप गयी कि तीर ठिकाने लगा है। थोड़ी पास आकर धीमे से कहने लगी, 'यदि ठाकुर मेरे सुख-सन्तोष को नहीं झकझोरता तो मैं हवेली के हाल में मस्त थी। उस सुख का स्वाद चखने के बाद लीद-गोबर के बीच खटमल कैसे सहन करती, तुम्हीं बताओ।'

उस तरह की शंकाओं से मछुए का दूर-दूर तक कोई वास्ता ही नहीं था। सर खुजलाते बोला, 'गलती तो शुरुआत में ही हो गयी, तुझे सोन-मछली से वरदान माँगना ही नहीं था। खैर, अब तू जाने और तेरा ठिकाना जाने। मैं

कोई ठाकुर-वाकुर नहीं हूँ—वही पहलेवाला मछुआ हूँ। जमुना की लहरें भली और मैं भला।'

पर नयी ठकुरानी तो मछुआइन की गलीज जिन्दगी का वापस सपना भी नहीं देखना चाहती थी। पति के पाँवों की ओर दोनों हाथ बढ़ाते कहा, 'तुम्हें छोटी बिटिया की कसम, कुछ दिन तक धीरज रखो, मैं सब सँभाल लूँगी।'

'जाल में फँसने के बाद अब दूसरा उपाय ही क्या है?'

लेकिन ठकुरानी के पास तो चारों तरफ उपाय-ही-उपाय थे। वह तो कुछ ही दिन में ऐसी अभ्यस्त हो गयी, मानो बरसों से यही काम सँभाल रही हो। वह ठिकाने के हर प्रपंच को अच्छी तरह समझने लगी थी। अब उस पर कोई भी धौंस जमाने वाला नहीं था। ठिकाने के अमले और सारे लोग हाथ जोड़कर खम्मा-घणी, खम्मा-घणी करते, हरदम खुशामद करते। उसके हर आदेश की पालना करते। अनेक दासियाँ हाजरी में। एक को आवाज दो तो पाँच तैयार। तब यही तो है सुख की सीमा और सन्तोष की मंजिल। गहरी नींद के सपनों में भी दासियाँ उसके पाँव दबाती थीं। कोयल मीठे तराने सुनाती थी। पर मछुए के दिल को चैन नहीं था।

किनारों के बन्धन में जकड़ी जमुना उसी तरह मन्थर गति से बह रही थी। बलखाती। कल-कल करती। छल-छल करती। न जाने कितना पानी बह गया।

...एक दिन उस नये ठिकाने में राजा का फरमान आया कि दस दिन के भीतर राज्य के खजाने में इक्कीस हज़ार मोहरें जमा नहीं करवायीं तो ठिकाना जब्त कर लिया जाएगा।

ठिकाने के प्रत्येक झाड़-झंखाड़ में खलबली मच गयी। कामदार ने ठाकुर से अरदास की तो वह खीझते बोला, 'मुझे कुछ पता नहीं, ठकुरानी से पूछो। उसी ने यह आफत बुलाई है। मुझे तंग किया तो जमुना की शरण में चला जाऊँगा। उसकी लहरों पर मजे से नाव चलाऊँगा।'

कामदार ने हाथ जोड़कर कहा, 'जो हुक्म अन्नदाता।'

'फिर वही अन्नदाता, अन्नदाता! कितनी बार समझाया कि मैं मछुआ हूँ मछुआ। भिखारी तो अब बना हूँ। तुम लोग मुझे जीने दोगे कि नहीं?' मछुए ने विगलित स्वर में कहा।

तब कामदार ने आधा झुककर ठकुरानी को राजा का फरमान सुनाया। ठकुरानी तो सुनते ही सकते में आ गयी। जाने के लिए हाथ का इशारा किया तो कामदार अदेर वहाँ से चलता बना। ठकुरानी के आदेश की अवहेलना का परिणाम वह भुगत चुका था।

ठकुरानी की चिन्ता ने एक दूसरा ही मोड़ लिया। वह मन-ही-मन गहरायी से सोचने लगी...तो यह राजा नाम की बला ठाकुर से भी बड़ी हैसियतवाली और जबरदस्त ताकतवर है। जिसके नाम से बड़े-बड़े ठाकुर भी थर्राते हैं। तब सुख और सन्तोष की सीमा तो अभी बहुत आगे है। उस तक पहुँचे बिना कोई चारा नहीं। राजा के फरमान की कब तक अनदेखी करती रहूँगी। ठिकाना जब्त होने का डर नंगी तलवार की तरह रात-दिन माथे पर लटकता रहेगा। फिर एक दिन की ढील भी क्यों करूँ! दस दिन तो यूँ ही चुटकियों में निकल जाएँगे।

सारी बात अच्छी तरह समझने के बाद ठकुरानी ने तो पति को पूछने की भी जरूरत नहीं समझी और चुपचाप दो दासियों के साथ जमुना के किनारे उसी ठौर पहुँची। चितारने के साथ ही सोन-मछली तो उसी पल हाजिर! पानी में किलोलें करते पूछा, 'ऐसी ठकुराई के बाद भी क्या कमी रह गयी? नये ठाठ-बाट से मन भर गया क्या? लगता है तेरे लोभ का कहीं अन्त नहीं है।'

ठकुरानी का दिल धड़कने लगा। कहीं सोन-मछली नाराज हो गयी तो सब गुड़-गोबर हो जाएगा। बेहद विनम्रता से बोली, 'अब तुम्हीं बताओ राजा को इक्कीस हजार मोहरें कहाँ से दूँ?'

'मैं इन्तजाम कर दूँगी। चाहे तो पचास हजार मोहरें ले। तू कहे तो इससे भी ज्यादा...पर कहीं-न-कहीं तो तुझे रुकना पड़ेगा।'

'मगर कैसे रुकूँ? फरमान के साथ ही मोहरें मिलने लगीं तो राजा जब चाहे फरमान भेज देगा। कहाँ तक पूर्ति करूँगी। मेरी शान बिगड़ेगी सो ब्याज में। बस, यह आखिरी वरदान है। जैसे-तैसे मेरा मान रख ले। ठाकुर इस राज का राजा बने और मैं उसकी महारानी।'

सोन-मछली ने उसे समझाते कहा, 'मेरे पास वरदानों की कोई कमी नहीं है। पर तेरा लोभ ही तुझे ले डूबेगा। बस, मुझे यही चिन्ता है।'

'लेकिन रानी बनने के बाद मुझे लोभ की जरूरत ही कहाँ रहेगी?'

'वह तू जाने। यदि तेरी यही अन्तिम इच्छा है तो पूरी कर देती हूँ।'

सोन-मछली के अदीठ होते ही उसका वरदान फल गया। मछुए के नीचे सोने का सिंहासन और माथे पर सोने का मुकुट। नवलखा हार पहनकर रानी उसकी बगल में बायीं ओर बैठी थी। दीवान व तमाम दरबारी हाथ जोड़े राजा का आदेश सुनने की खातिर उतावले हो रहे थे। मछुए का तो दिमाग ही चकरा गया। भीतर की सारी नसें फटने को अकुला रही थीं। ऐसा सपना भी आ जाए तो वह जागने पर घोर पछतावा करता। पर आज तो वह दुर्भाग्य से सचमुच राजा बना हुआ है। किसके सामने अपनी पीड़ा दरसाये।

कोई दूसरी बात नहीं सूझी तो सिंहासन से नीचे उतरकर उसने दीवान से पूछा, 'मेरी नाव कहाँ है? जमुना की लहरें मुझे कब से पुकार रही हैं! जाओ, मेरी नाव लेकर आओ। मैं इस जाल से छुटकारा चाहता हूँ। मछलियों को जाल में पकड़ते-पकड़ते मैं खुद जाल में फँस गया हूँ। आखिर उनका सराप तो लगेगा ही।'

हँसी की बात होते हुए भी दरबार में कोई नहीं हँसा। किसकी हिम्मत जो राजा की बात पर हँसे!

किन्तु चतुर रानी अदेर भीतर की बात भाँप गयी। राजा का हाथ पकड़कर उसे तुरन्त रंगमहल में ले गयी। चाँदी के कपाट बन्द करके समझाने लगी, 'यह क्या पागलपन कर रहे हो? भला, राजा को कहीं मछुए का काम शोभा देता है? कुछ दिन तक शान्ति रखो, धीरे-धीरे राज के प्रपंच का सारा भेद समझ में आ जाएगा। सिंहासन और मुकुट से बड़ा गुरु दूसरा कोई नहीं। और हमको करना ही क्या है—हुक्म, आदेश और आज्ञा! काम करनेवालों की दरबार में कोई कमी नहीं। एक बुलाएँ तो सौ हाजिर। जैसा मैं कहूँ, वैसा करते जाओ। बस, कुछ ही दिनों में आज्ञा देने के अभ्यस्त हो जाओगे। सिंहासन और मुकुट का लोभ बढ़ता जाएगा। हजार जन्म की तपस्या के बाद ऐसा फल मिलता है। जरा गहराई से सोचो, समझो।'

मुकुट को नीचे पटककर मछुआ बोला, 'मैंने खूब गहराई से सोच-विचार कर लिया कि मुझे यह जहरीला फल नहीं खाना...नहीं खाना! नासपीटी, तूने मुझे किस दलदल में फँसा दिया। जन-जन की ईड़ा-पीड़ा मिटाने का झूठा दिलासा देने वाले राजा की भी कोई जिन्दगी है? मेरे खयाल से तो कीचड़ का सूअर राजा से ज्यादा सुखी है। फिर मैं तो मछुआ हूँ। पानी की लहरों और सनसनाती हवाओं का फरिश्ता। अमृत के कुण्ड से निकालकर तूने मुझे गन्दे नाले में डुबो दिया। बार-बार सोन-मछली से वरदान माँगकर हम कभी सुखी नहीं हो सकेंगे। भला, मृगजल से किसी की प्यास बुझी है? काश! उस दिन मैं तेरे हाथ से सोन-मछली नहीं छीनता तो आज यह दुर्दिन देखना नहीं पड़ता।'

महारानी मोदभरे सुर में कहने लगी, 'थूको अपने मुँह से। क्या अण्ट-शण्ट बक रहे हो? राजा तो देश का एकछत्र स्वामी होता है। राज-दरबार के बाहर न कहीं सुख है और न कहीं आनन्द। असन्तोष की सपने में भी गुंजाइश नहीं। फिर सोन-मछली से क्यों खामखाह वरदान माँगूँगी और क्यों उसे बेकार कष्ट दूँगी। तुम्हें सुनकर खुशी होनी चाहिए कि अब तो उसके नाम की माला

जपूँगी, माला! कुछ दिन तक मजबूत रहो। धीरे-धीरे सारी बातें गले उतरने लगेंगी। तुम पूरे देश के महाराज और मैं तुम्हारी महारानी! चाहो तो एक-से-एक आला इक्कीस रानियाँ और रख लेना, मैं मना नहीं करूँगी। राजाओं के तो यही ठाठ होते हैं। जरा मुसकराकर मेरी ओर देखो।'

मछुए के तपे दिल पर इस कदर चोट लगी कि उसके दाँतों से चिनगारियाँ छिटक पड़ीं। आँखों में आँसू छलक आये। तो क्या वह आँसुओं के बहाने मुसकराया था कि मुसकराने के बहाने रोया था। बाहर के तूफान की बजाय भीतर का तूफान कहीं ज्यादा विकराल होता है! रानी समझाती रही और राजा के अन्तस् में वैसा ही तूफान घुमड़ता रहा।

रानी राज के काम-काज में उलझ गयी। न्याय-अन्याय के प्रपंच सलटाने लगी। ठाकुरों के नाम फरमान निकालने लगी। राज्य का खजाना दूज के चाँद की तरह बढ़ने लगा। पर राजा की आँखों के सामने आठों पहर नदी की लहरों पर झूलती नाव के चित्र ठौर-ठौर जगमगाने लगे। और तो और रंगमहल की सुनहरी नक्काशी में भी जमुना की लहरें दिखलाई पड़तीं। कहीं आँखों की तासीर ही तो नहीं बदल गयी! यहाँ राजमहल में कहाँ तो नदी और कहाँ उसकी लहरें? फिर कैसी नाव? रियासत की प्रजा दुःख पड़ने पर राजा के सामने रिरियाती है, पर अभागा राजा किसके सामने रोकर अपनी पीड़ा दरसाये?

किनारों के बन्धन में जकड़ी जमुना उसी तरह मन्थर गति से बह रही थी। बलखाती। कलकल करती। छलछल करती।

परन्तु नये राज्य का परम दुर्भाग्य कि लगातार तीन बरस अकाल-दर-अकाल पड़ने से जमुना का पानी बिलकुल धीमा पड़ गया। घिसटती-घिसटती वह बड़ी मुश्किल से रेंगने लगी। ठौर-ठौर पानी सूख गया। राज के तमाम कुएँ, बावड़ियाँ और सरोवर सूख गये। धरती पर गाछ-बिरछ व झाड़-झंखाड़ के अलावा कहीं छुटपुट हरे पत्ते भी दिखलाई नहीं पड़ते थे। रंग-बिरंगे महकते फूल तो सपने जैसी बात हो गये। या इतिहास के अस्तर में दुबक गये। और न भूखी-प्यासी प्रजा को महकते फूलों की चाहना ही थी। पेट की आग के मारे वह अपना आपा ही बिसर चुकी थी। राज का खजाना ढोल की तरह खाली गूँज रहा था। हाय-त्राय मचाती संज्ञा-विहीन प्रजा ने राजमहल को चारों ओर से घेर लिया। रानी का दिल जोर-जोर से धड़कने लगा। सुख से सोते-बैठे यह कैसी अचीती आफत आयी! सुध-बुध बिसरा हुआ राजा तो ठेठ भीतर तक सूख कर ठूँठ हो गया था। किसके सामने अपने दुर्भिक्ष की व्यथा प्रकट करता।

बौखलाई महारानी ने अनजान बनकर दीवान से पूछा, 'यह कैसा बवण्डर है?'

दीवान ने हाथ जोड़कर अरदास की, 'अकाल और भूख से पीड़ित राज्य की रैयत हाय-त्राय मचा रही है।'

'तुम्हें कुछ पता भी है कि इस भिनभिनाहट से मेरे कान फट रहे हैं! कोड़े मार-मार कर रैयत को दूर भगा दो।'

'मौत के सिवाय उसे अब कोई दूर नहीं भगा सकता। वह तो मरने-मारने पर उतारू हो गयी है।'

'तो फिर ढील किस बात की है? मार डालो तो झंझट मिटे।'

'पर उसके पास जाए कौन? किसकी हिम्मत है?'

'तो फिर किसी तरह उसके पेट की जलन मिटाने का उपाय करो।'

दीवान ने आकाश की ओर अँगुली उठाते कहा, 'इन्द्र भगवान के बरसे बिना दूसरा कोई उपाय नहीं है।'

हाथ से जाने का इशारा मिलते ही दीवान चुपचाप वहाँ से रवाना हो गया। रानी एकाग्र-चित्त से सोचने लगी कि इस इन्द्र भगवान ने तो सारे राज्य का सत्यानाश ही कर डाला। तो यह राजा से भी अधिक शक्तिशाली है? हजार राजा-बादशाह भी उसका मुकाबला नहीं कर सकते। तब सुख की सीमा तो अभी बहुत दूर है। राजदरबार और रियासत की हदबन्दी के भीतर उसका सन्तोष सिमटकर नहीं रह सकता। यदि एक दिन की भी देर हो गयी तो भूखी प्रजा माथे के बाल तक चट कर जाएगी। अभी तो महारानी का ऐश्वर्य भोगा ही कितना है? सपने के पहले ही नींद उचट गयी। सोन-मछली के वरदान से इन्द्र का सिंहासन हाथ आ जाए तो दुनिया के तमाम राजा-महाराजा हरदम उसी के मोहताज रहेंगे।

सोलह घोड़ों के सुनहरे रथ पर रानी अविलम्ब जमुना के किनारे पहुँची। उसकी क्षीण धारा से कहीं हजार गुना ज्यादा रानी की उमंग का प्रवाह मचल रहा था। बस, इसके बाद अब कोई वरदान नहीं माँगेगी। जरूरत भी क्या है? उसने सच्चे मन से सोन-मछली का सुमिरन किया तो वह गदले पानी में दुखी मन से हाजिर हुई। बनाव-सिंगार से लड़ाझूम रानी सूखे तट पर खड़ी थी। सोलह दासियाँ उसे बयार कर रही थीं। अमूल्य हीरे-मोती व माणिक-पन्नों से जड़े सोने के आभूषणों का परस पाकर सूरज की किरणें धन्य हो गयी थीं। महीन रेशमी लिबास में महारानी का गुलाबी रंग बाहर छिटक रहा था। सोन-मछली ने एक जगह रुककर रानी की आँखों में घूरकर देखा तो देखती रह गयी। क्या यह वही मछुआइन है?

सोन-मछली थोड़ी और पास सरक आयी। पूछा, 'अब क्या लालसा बाकी रह गयी? रानी बनने पर भी तुझे सन्तोष नहीं हुआ? तेरे राज्य की तमाम रैयत तीन बरस तक गुजर-बसर करे उतना गहना तेरे शरीर पर लदा है, फिर ऐसी क्या कमी रह गयी सो तूने मुझे चितारकर इस गदले पानी में बुलाया। ठीक तरह साँस लेने में भी मुझे जोर पड़ रहा है।'

'इसीलिए तो तुझे याद किया। अकाल और भूख की मारी प्रजा अपना होश-हवास भूल गयी है। वापस लौटते ही सारे गहनों समेत मुझे निगल जाएगी। सुनहरी जूतियाँ तक पीछे नहीं छोड़ेगी। सारी दुनिया के निरीह राजा तो इन्द्र भगवान के वश में हैं। किसी का कुछ भी जोर नहीं चलता। बस, यह आखिरी मंशा पूरी कर दे फिर बातचीत के बहाने तो तुझसे बार-बार मिलूँगी, पर वरदान एक भी नहीं माँगूँगी। तू चाहे तो ये सारे गहने तुझे दान कर दूँ!'

चाहने पर भी सोन-मछरिया अपनी हँसी रोक नहीं सकी। हँसते-हँसते ही बोली, 'तू दान करेगी तो मैं राजी-खुशी मंजूर कर लूँगी। पर पहले तेरी आखिरी मंशा तो सुनूँ, वह क्या है?'

रानी ने तनिक सकुचाकर कहा, 'अब तो बस इन्द्राणी बनने की मन में साध कुलबुला रही है।'

रानी के मुँह से वह बेतुकी मंशा सुनकर सोन-मछली जोर से हँसी। अचरज करते पूछा, 'क्या कहा, इन्द्राणी?'

'हाँ इन्द्राणी!' रानी ने उमड़ते उछाह से हामी भरी। 'इसके बाद तुझे सपने में भी कष्ट नहीं दूँगी।'

सोन-मछली मुँह बिगाड़कर बोली, 'मुझे अपने कष्ट की बिलकुल परवाह नहीं है। पर अब मुझे पुख्ता विश्वास हो गया कि तेरी लालसा का न कोई अन्त है, न कोई पार। इसलिए तुझे वरदान देने में कोई सार नहीं है। जा, तू इसी क्षण वापस मछुआइन बन जा।'

रानी आँखें बन्द करके जोर से चिल्लायी, 'नहीं-नहीं, ऐसा शाप मत दे। फिर तो मैं रानी ही भली।'

उसने डरते-डरते पलकें उघाड़कर देखा—सोन-मछली दूर-दूर तक कहीं दिखलाई नहीं दी। सपने की नाईं सारा माहौल बदल गया। न सोलह घोड़ों का रथ, न दासियाँ और न रानी का अमूल्य शृंगार!...वही...वही...चिर-परिचित जमुना का किनारा। वही टूटी झोंपड़ी और वही टूटा आँगन। वही मछुआ और वही मछुअन। वही फटेहाल तीन बच्चे। और वही सेठ की तिमंजिली हवेली।

पर बड़े अचरज की बात कि वह शानदार नजारा देखते ही मछुए का

मौन टूटा। अतिरेक आनन्द से किलकारियाँ भरते उसने आकाश की ओर देखा। दूर-दराज से हाँके हुए बादलों के दल-ही-दल चारों ओर घुमड़ने लगे। झपाझप बिजलियाँ चमकने लगीं। झमाझम मूसलाधार पानी बरसने लगा। देखते-देखते किनारों के बन्धन से जकड़ी जमुना उसी तरह मन्थर गति से बहने लगी। बलखाती। कल-कल करती। छल-छल करती।

मछुए की नाव लहरों के पालने पर झूल रही थी और डाँड़ चलाते हुए मछुआ तीखी राग में बरखा का गीत गाने लगा। बिजलियों के बहाने बार-बार मुसकराते इन्द्र भगवान उसकी सार-सँभाल का पूरमपूर ध्यान रख रहे थे कि उसने सहसा चौंक कर बायीं तरफ देखा—बादलों के साँचे में ढली एक अप्सरा उसकी नाव में बैठी है। बिजलियों से दमकते रूप पर उसकी नज़र टिक ही नहीं रही थी। उसने दो-तीन बार आँखें टमकारकर देखा—सपना तो नहीं है?

तभी अप्सरा ने मुसकराकर कहा, 'नहीं, सपना नहीं है। पर तुम मुझे अब तक पहचान नहीं सके, इसका अचम्भा मुझे भी कम नहीं है। मैं हूँ तुम्हारी सोन-मछली, जिसके तुमने प्राण बचाये थे।'

'तब मेरी घरवाली को वरदान देकर तुमने मुझे क्यों सताया? बोलो, किस जन्म का बदला लिया तुमने?'

'तभी तो सारे वरदान वापस ले लिए और तुम्हारा एहसान चुकाने आयी हूँ।'

थोड़ी देर डाँड़ रोककर मछुए ने सकुचाते कहा, 'नहीं, मैंने तुम पर कोई एहसान नहीं किया। यदि तुम्हारे कहने से किया भी है तो वरदान वापस लेते ही सारा एहसान उतर गया। और तुम्हें एक नजर देखते ही मेरा सारा अभाव दूर हो गया। अब याद आया, मैं तो तुम्हें ठेठ बचपन से जानता हूँ। मेरी माँ ने मुझे तुम से मिलाया था। नींद आने पर मैं तो तुम्हें ठेठ बचपन से जानता हूँ। मेरी माँ ने मुझे तुम से मिलाया था। आज न जाने कितने बरसों के बाद तुमने मेरी सुधि ली है। गलती मेरी ही थी। गिरस्ती के जंजाल में तुम्हें भूल ही गया था। आज तो सारे वरदान मैंने एक साथ ही भरपाये। तब मछुआइन के बहाने मुझे इतना क्यों छकाया?'

थोड़ा नजदीक सरककर वह कहने लगी, 'फिर तुम्हारी परख कैसे होती? अब मैं हमेशा के लिए तुम्हारे साथ रहने आयी हूँ। इन्द्रलोक से मेरा मन बुरी तरह भर गया है। झगड़ा करके अभी-अभी चली हूँ। तुम्हारे अलावा कोई भी ऐसा मानुस नहीं; जिसके साथ मैं एक पल भी बिता सकूँ। इन्द्रलोक के देवता भी सारे पाखण्डी हैं। धोखेबाज! और इस दुनिया का हाल तो तुम जानते ही हो एक-से-एक आला शैतान! सभी तुम्हारी मछुआइन के ही प्रतिरूप हैं।'

'पर मैं तो अपनी मछुआइन को बेहद प्यार करता हूँ, उससे झगड़ा चाहे जितना करूँ, मरने के पहले उसे छोड़ नहीं सकता। और तुम्हें सदेह पाकर तो मैं हमेशा के लिए तुम्हें खो दूँगा तुम तो मेरे अन्तस् में ही रहो। मेरे सपनों में आती रहो तो मैं सारी दुनिया के कष्ट बर्दाश्त कर लूँगा।'

'नहीं, अब तुम्हें एक क्षण भी कष्ट पाने की जरूरत नहीं है। तुम्हारे पसीने की हर बूँद जमुना की लहरों में गिरकर मोती बन गयी है। तुम्हें यही समझाने आयी हूँ कि वरदान समझकर उन्हें ठुकरा मत देना।'

इतना कहकर वह जमुना के पानी में अदीठ हो गयी। मछुए ने आँखें फाड़-फाड़कर इधर-उधर देखा—उसकी नाव मोतियों से भरी थी। मानो आकाश के चाँद ने असंख्य टुकड़ों में बिखरकर उसकी नाव का आश्रय लिया हो।

मोतियों को अनदेखा करके उसने फिर जमुना की लहरों में झाँका। अकस्मात् सुमधुर स्वर में एक खिलखिलाहट सुनाई पड़ी—'कल इसी वेला फिर आऊँगी। तुम्हारे साथ नाव में हमेशा सैर करूँगी। इसमें तो तुम्हें कोई एतराज़ नहीं है?'

गुलाब की पंखुड़ियों के उनमान मछुए के होठ खुले। धीमे-से-बुदबुदाया—'भला इसमें मुझे क्या एतराज हो सकता है।'

किनारों के बन्धन से जकड़ी जमुना उसी तरह मन्थर गति से बह रही थी। बलखाती। कल-कल करती। छल-छल करती।

22 सितम्बर, 1995, शुक्रवार

उजाले के मुसाहिब

कह रे चकवा बात। कटे ज्यों रात। घरबीती या परबीती। घरबीती तो घर-घर जाने। अपनी-अपनी सब कोई ताने। परबीती में परमानन्द। सुनते ही कट जाए फन्द। जैसी बुद्धि वैसी बोली। किसने मापी, किसने तौली? जैसी मेहनत, वैसा अनाज। खाये मुँह और अँखियन में लाज। तो अमर अवधूत साँई सबको सुमति दे कि एक था अनाम राजा। जिसका वही राग और वही बाजा। उसकी समझ का बोझ अतिशय भारी। एक पलड़े में राजा तो दूजे में रैयत सारी। बिन बुलाये क्योंकर मरता! वह तो करता ज्यों ही करता। जिसके दरबार में चुनिन्दा नौ रतन। मंशा मुताबिक सारे जतन-ही-जतन। अखूट हीरे-मोती और अखूट खजाना। जैसा बढ़िया रूप, वैसा ही बाना। कहूँ झूठ फिर भी सच मानो। कहूँ साँच तो उसे भी झूठ जानो। बताऊँ रात, फिर भी दिन मानो। कहूँ दिन तो उसे भी रात जानो।

उस राजा की बुद्धि लीक तोड़कर बहती थी और दरबार के नौ रत्नों की अक्ल हरदम छलकती रहती थी। फिर भी राजा के पास हमेशा ऋषि, मुनि, औघड़, महात्मा व सन्त-ज्ञानियों का ताँता लगा रहता। एक जाता और इक्कीस आते। और उनके प्रवचन-दर-प्रवचन ऐसी बौछार होती कि राजा और दरबारियों की अक्ल का पानी सवा बाँस ऊँचा चढ़ जाता। फिर तो वह कगार-किनारे तोड़ता कलकल करता सारे राज्य में हवा की गति से फैल जाता। राजा का जैसा-तैसा भी आदेश मिलता तो रियासत की तमाम प्रजा उस मुताबिक काम में जूझ पड़ती। न कोई शंका न कोई विवाद। निरीह प्रजा तो राजा के हाथ-पाँव; वह ज्यों सोचे, त्यों डोले। न कोई बूझे, न कोई बोले।

राजा और रैयत का अहोभाग्य कि एक बार साधु-सन्तों का सिरमौर, ज्ञानियों का गुरु एक तीर्थंकर ऐसा प्रकट हुआ कि राजा सहित तमाम दरबारियों की बुद्धि चकरा गयी। मानो प्रत्यक्ष परमेश्वर ही अवतरित हुआ। जिसने भी सुना, सब काम छोड़कर उसका प्रवचन सुनने के लिए दरबार में हाजिर हुआ। सबका जीवन एक साथ ही सार्थक हो जाएगा।

एक ही प्राण और एक ही जत्थे के साँचे में ढली भीड़ महात्मा के

दर्शन की प्रतीक्षा में अविचलित खड़ी थी कि अचानक राजा के साथ तीर्थंकर पधारते दीखे। आँख-आँख की ज्योति में महात्मा की छवि उतर गयी। हवा और उजाले के साँचे में ढली पवित्र काया, जैसे है और नहीं भी है। कुदरत का साम्प्रत सृजनहार तो मानो आज ही अवतीर्ण हुआ हो। प्रवचन सुनते ही कलुषित काया का मल धुल जाएगा।

प्रत्येक बन्दे की याचक दीठ महात्मा के चरणों में लोटने लगी। आशीर्वचन के उपरान्त महात्मा के होंठ खुले। जैसे स्वयं कुदरत ही अपने मुँह से बखान सुना रही हो। प्रजा के कानों में अमृत-सा घुलने लगा। बिजली की लहरों के उनमान महात्मा के श्रीमुख से शब्दों की आभा निःसृत हो रही थी, 'काले-बहरे अँधियारे को मिटाकर तुम्हें सम्पूर्ण उजियारा जगमगाना है। केवल चिरन्तन प्रकाश से ही मनुष्य-जीवन सार्थक होगा। अँधियारे में औंधी सूझती है। उजियारे में सब-कुछ स्पष्ट नजर आता है। निर्धूम आलोक आत्मा के सम्मुख झिलमिलाने लगता है। जिसकी जोत के दर्शन नितान्त अन्धा मानुस भी कर सकता है। अँधियारे में जीना निपट अकारथ है। सम्यक् उजाले में मरना भी श्रेयस्कर है। इसलिए अँधियारे को हर घड़ी, हर पल मिटाने का प्रयास करो और अनन्त उजियारे की अखण्ड जोत जलाओ। अधिक भागवत बाँचने में कोई सार नहीं। इस बखान के बहाने तुम्हें सूरज की यह दिव्य किरण सौंप रहा हूँ। इसके चमत्कार से अभेद्य अँधियारे को मिटाने का प्रयास करना। तभी तुम्हारे अन्तस् का अकलुषित उजियारे से साक्षात्कार होगा। परब्रह्म की अनुभूति होगी। अँधियारा नरक की अमिट कालिमा है और अनिन्द्य उजियारा स्वर्ग का प्रत्यक्ष रूप। जब तक साँस है मेरी बात को नहीं भूले तो सबका कल्याण होगा!'

प्रवचन के उपरान्त राजा और समस्त दरबारियों ने हाथ जोड़कर बेहद निहोरे किये पर महात्मा ने प्रसाद ग्रहण करने की हामी नहीं भरी सो नहीं भरी। बार-बार एक ही उत्तर देते कि राज्य का अँधियारा मिटने पर वे बिन-बुलाये सर के बल चले आएँगे। तब तक वे इस धरती पर पानी की बूँद तक नहीं चखेंगे। वे जिस तरह अवरोहित हुए, उसी तरह सपने की नाईं अन्तर्धान हो गये।

उस राजा को तो बस कोई बहाना भर मिलना चाहिए था, फिर तो उसके दिमाग में जुगनू झिलमिलाने लगते। बरसों के बाद ऐसा सुनहरा सुयोग मिला तो वह गुरमुखी राजा दूसरे दिन ही राज के नौ रत्न व दरबारियों के साथ बैठकर अन्धकार को मिटाने की खातिर आमादा हो गया। सिंहासन, मुकट और खजाना उसी दिन सार्थक होंगे जब चिरन्तन प्रकाश की बधाई सुनकर

महात्मा सोने के थाल में प्रसाद ग्रहण करेंगे।

राजा के अलावा किसमें इतनी बुद्धि है कि वह अन्धकार मिटाने का उपाय सोच सके! नौ रत्नों का भी वैसा बूता कहाँ? कोई छोटा-मोटा काज सार लें तो सार लें। पर राजा तो राजा ही होता है। पूरे राज्य का एकछत्र अधिपति। बुद्धि के बिना इतनी बड़ी रियासत एक घड़ी भी नहीं चल सकती। शरीर की ताकत तो बुद्धि के पीछे चलती है। वरना शेर, सूअर, हाथी या भेड़िया ही मनुष्यों का राजा होता!

घड़ी भर तक राजा, दीवान और नौ रत्न सभी चुपचाप विचार करते रहे कि उनके राज्य से अँधेरे को हमेशा के लिए कैसे खदेड़ा जाए? दुनिया में ऐसा कौन-सा मसला है जो गहराई से सोचने पर नहीं सुलझे! अकस्मात् राजा की छलकती बुद्धि में बिजली के उनमान एक विचार कौंधा। गहरे चिन्तन की मुद्रा बनाकर उसने दीवान से पूछा, 'क्यूँ दीवान जी, पिछले साल...नहीं नहीं, तीन साल पहले राजमहल का तहखाना बाढ़ के कारण पूरा भर गया तो उलीच-उलीचकर सारा पानी बाहर उछाला था कि नहीं?'

'हाँ, हाँ उछाला था अन्दाता।'

'मुझे आज की तरह याद है। तुम सब लोग अच्छी तरह जानते हो कि मैं याद रखनेवाली बात कभी भूलता नहीं...।'

दीवान सिर झुकाकर बीच में बोला, 'हुजुर के भूलने पर तो सर्वत्र प्रलय हो जाएगा।'

'मैं तो प्रवचन के दौरान ही महात्मा जी के मन की बात भाँप गया था।' गुलाबी अधरों पर गुमान की मुस्कराहट छितराते राजा ने कहा, 'अँधेरा मिटाने की आधी-दूधी तरकीब तो उसी समय सोच ली थी। मुझे पक्का भरोसा है कि तहखाने के पानी की तरह अँधेरा भी उलीचने पर समाप्त हो जाएगा। क्यूँ, उलीचने के बाद वह पानी तहखाने में वापस तो नहीं आया?'

'ना गरीब-परवर, ना! क्या मजाल कि एक बूँद भी वापस आयी हो!' दीवान अपनी चतुराई के प्रति पूर्णतया आश्वस्त था।

राजा ने नाभि तक गहरी हामी भरी, 'हुँ...! तब तो यह बात दिन के उजाले की तरह साफ है कि अँधेरा भी उलीचने पर वापस नहीं आएगा।'

'हाँ गरीब-नवाज!' दीवान ने मिलती-मारते कहा, 'हमेशा-हमेशा के लिए इसका काला मुँह हो जाएगा।'

एक रत्न ने गरदन खुजाते आशंका प्रकट की, 'पानी तो उलीचकर तहखाने से बाहर उछाल दिया, मगर अँधेरे को कहाँ उछालेंगे? वह तो चारों

दिशाओं में छाया रहता है।'

'सवेरे सूरज उगने पर अँधेरा अपना ठिकाना छोड़कर कहीं-न-कहीं तो जाता ही है।' दूसरे रत्न ने उसका खण्डन करते कहा, 'जरा...सोच विचारकर जवाब दो कि वह अपनी जगह छोड़ता है कि नहीं?'

'हाँ, जगह छोड़ने पर ही तो ओझल होता है।' पहले वाला रत्न मुँह उतार कर बोला।

'ये गूढ़ बातें बेहद झीनी हैं, तुम इनका मर्म नहीं समझोगे।' राजा दर्प की हँसी हँसते बोला, 'जैसा कहूँ, निपटाते जाओ। सोचने-विचारने का जिम्मा मेरा। काम करने का जिम्मा तुम्हारा! अलबत्ता तुम्हारे साथ बैठने से मुझे दूर की सूझती है।'

'हुजूर तो आज्ञा फरमाते रहें, हम कुछ भी करने को तैयार हैं।' एक रत्न ने हाथ जोड़ते हुए कहा।

'दीवान जी, सारे राज्य में घर-घर डोंडी पिटवा दो कि इसी अमावस के शुभ मुहूर्त में दिन ढलते ही हर व्यक्ति अँधेरा उलीचने लगे सो तब तक नहीं रुके, जब तक उसका पूरा सफाया न हो जाए।' राजा ने धमकाते कहा, 'किसी ने भी इस काम में ढिलाई बरती तो उसकी आँतें चील-कौओं को फिंकवा दूँगा। महात्मा जी को जितनी जल्दी भोजन का आमन्त्रण दूँ, तभी मुझे चैन मिलेगा।'

एक रत्न ने वाजिब सुझाव दिया, 'हुजूर! अँधेरा उलीचने के लिए यथायोग्य ठाँव-बासन भी तो होने चाहिए।'

'वही तो बता रहा हूँ। ज्यादा उतावली ठीक नहीं।' राजा ने उसे झिड़कते कहा, 'तुम समझते हो कि उलीचने के बासनों का मुझे ध्यान नहीं है?'

दीवान ने फिर वही रटी-रटायी उक्ति चुपड़ते कहा, 'अन्दाता का ध्यान चूकने पर तो सूरज का उगना ही बन्द हो जाएगा।'

राजा अपना गुस्सा भूलकर हिदायत के लहजे में बोला, 'जिसके घर में जो बासन हो, उसी से उलीचने का काम करे।'

ज्यों-ज्यों याद आते रहे सभी रत्न आपस में मिलजुलकर बरतन-बासनों के नाम बताने लगे, 'तगारी, हाँड़ी, परात, कटोरा-कटोरी, घड़ा, मटकी, चरी, टोकरी, मूण...।'

एक बुद्धिमान रत्न ने तुरन्त बीच में शंका की, 'मूण तो काफी भारी होती है, आसानी से उठेगी नहीं।'

राजा ने खुलासा करते पूछा, 'मूण भरी कि खाली?'

'भरी हुई गरीब-नवाज!'

'ना, तुम यहीं पर भारी भूल कर गये।' अभिमान से छितरी मुस्कराहट को दबाकर राजा ने गम्भीर सुर में समझाते कहा, 'अँधेरे से भरी होने पर भी मूण में वजन तो रत्ती भर भी नहीं बढ़ेगा। क्योंकि अँधेरा नजर तो आता है, पर उसका ठोस आकार नहीं होता। फिर तो हाथी की छाया हाथी जितनी ही भारी होनी चाहिए?'

दीवान के साथ-साथ सभी रत्नों ने जयघोष किया, 'खम्मा-घणी, खम्मा-घणी! भला, अन्दाता के अलावा इतनी गहरी बातें और किसे सूझ सकती हैं?'

राजा के चिर-अभ्यस्त कानों की खातिर अब कैसी भी खुशामद का कोई स्वाद नहीं रह गया था। सुनी-अनसुनी करके झुँझलाते कहा, 'यहाँ बैठे-बैठे खम्मा-घणी चिल्लाने से कुछ पार नहीं पड़ेगा। जितनी जल्दी हो सके, सारे राज्य में डोंडी पिटवाने का इन्तजाम करो। जिस घर के आस-पास अँधेरा नजर आएगा, उसे भरपूर दण्ड मिलेगा।'

दीवान ने झुककर बन्दगी की, 'तीसरे दिन ही घर-घर खबर न हो तो दीवानगिरी छोड़ दूँगा!'

पर उसे दीवानगिरी छोड़ने की कभी जरूरत नहीं पड़ी। बल्कि समय-समय पर पुरस्कार-सिरोपाव भी मिलते रहे। राजा के आदेश की अनुपालना में वह बेहद पारंगत था। और उधर डोंडी का फरमान सुनने के बाद प्रजा ने भी कतई ढिलाई नहीं बरती। अमावस की साँझ घिरते ही जिसके हाथ जो बासन पड़ा उसी से अँधियारा उलीचने में मुस्तैद हो गया।

यहाँ तक आते-आते चकवा किसी भी सूरत में अपनी हँसी रोक नहीं सका। खिल-खिल हँसी के साथ उसकी चोंच से चिनगारियाँ झड़ने लगीं। हँसते-हँसते ही कहने लगा, 'अब उस राज्य के सौभाग्य की क्या सीमा! आठ पहर बत्तीस घड़ी फकत प्रकाश-ही-प्रकाश जगमगाएगा। इतने बरस यह छोटी-सी बात भी किसी की समझ में क्यों नहीं आयी? दुगुना काम निपटेगा। दीया जलाने की आफत मिट जाएगी। तेल का खर्च बचेगा सो नफे में। मगर चोरों के मन में सनसनी दौड़ गयी। अँधेरा मिट गया तो उन्हें जबरदस्त हानि पहुँचेगी पर राजा के आदेश की भला कौन अवज्ञा कर सकता है? चोर भी प्रजा के साथ अँधेरा उलीचने में जुट गये।'

राजमहल के इर्द-गिर्द हो-हल्ले का तूफान मच गया। आधी रात ढलने पर राजा को नींद सताने लगी तो दीवान को हिदायत देते बोला, 'अब तो नींद के मारे मेरा जगना मुश्किल है, वरना सारी रात यह नजारा देखता। मगर तुम

पूरे चौकस रहना। ऐसा न हो कि मेरे जाते ही लोग ढीले पड़ जाएँ।'

'नहीं अन्दाता, सपने में भी कोई ऐसी गुस्ताखी नहीं करेगा। आप किसी बात की चिन्ता न करें।'

'पर अँधेरे का सफाया होते ही मुझे बेधड़क जगा देना, समझे!'

दीवान ने कोरनिश करते हुए अतिशय आदर के साथ हामी भरी तो राजा निश्चिन्त होकर रंग-महल में सोने के लिए दासियों के साथ रवाना हो गया। और घोड़े पर चढ़ा दीवान सारी रात प्रजा को जोश दिलाता रहा कि वह पलभर के लिए भी विश्राम न करे। ऐसा शानदार काम दुनिया के किसी राजा ने आज दिन तक नहीं किया। यह बात तो अन्दाता को सूझी जैसे ही सूझी। बुद्धि के सागर अपने हुजूर की भला कौन बराबरी कर सकता है? दूसरे सभी राजा-महाराजा इनके सामने छछूँदर हैं, छछूँदर!

अँधेरा उलीचते-उलीचते प्रजा की कमर टूटने लगी। हाड़-हाड़ टीसने लगा। बाँहें फटने लगीं। बच्चे, बूढ़े, जबान और महिलाएँ—कोई भी पीछे नहीं रहा। बड़ा काम तो सबके जुटने पर ही सम्भव होता है।

सवेरे की मंगल वेला जब नगरवासियों को यह आशा बँधी कि उलीचते-उलीचते आखिर अँधेरा काफी कम पड़ने लगा है तो उनके जोश को बड़ा सहारा मिला। वे चौगुने उत्साह से उस काम में तल्लीन हो गये।

सचमुच, राजा की बात तो एकदम सही निकली। ऐसे राजा की रैयत होने से बड़ा अहोभाग्य और क्या हो सकता है?...देखते-देखते अँधेरा तो बिलकुल समाप्त हो गया। घोड़े पर सवार दीवान की खुशी का पार नहीं था। चरवादार को घोड़े की लगाम थमाकर वह तो सीधा रंग-महल पहुँचा। बाहर खड़े-खड़े ही जोर से फरियाद की, 'अन्दाता, अँधेरा तो एकदम नष्ट हो गया। पहाड़ों के आर-पार दिखे जैसा प्रकाश हुआ हुजूर! ईश्वर की तरह आपकी टेक भी रह गयी।'

हुजूर तो नींद में सोते-सोते ही चिरन्तन प्रकाश के सपने देख रहे थे। राजा अपने हठ पर अड़ा था और महात्मा अपने सिद्धान्त पर डटे हुए थे कि सोने के बाजोट और थाल को अदेर परे हटा ले, वरना वे भूखे ही लौट जाएँगे। इस तकरार के बीच बधाई की गुहार सुनी तो वह सोने के पलँग से तत्काल उठ बैठा। उन्माद के आवेश में उछलते-फाँदते बाहर आया। चारों ओर गरदन फुलाकर देखा। सर्वत्र उजाला-ही-उजाला! ऐसा तेज प्रकाश तो कभी नजर नहीं आया। समस्त दरबारियों के बीच राजा भी बावरे की तरह नाचने लगा। सारे राज्य में खुशी का समन्दर हिलोरें भरने लगा—दिप-दिप!

फटाफट दरबार जुड़ा। राजा ने दीवान, नौ रत्नों और सब दरबारियों से बार-बार पूछा कि वे अच्छी तरह से छानबीन करके बताएँ कि आजवाले प्रकाश व पहलेवाले प्रकाश में क्या अन्तर है?

सभी सत्यवादियों ने समवेत सुर में कहा कि आजवाला प्रकाश बहुत-बहुत श्रेष्ठ है। यही असली और सच्चा प्रकाश है। पहलेवाला प्रकाश तो कुछ धुँधला-धुँधला था। ऐसी अपूर्व निष्ठा और अथक मेहनत से उलीचने के बाद उजियारे की चमक में क्या खामी! पहलेवाले प्रकाश पर छिपे हुए अँधियारे की छाया पड़ती थी। पर आज के प्रकाश में तो कुदरत का रूप ही बदल गया। मानो कुदरत प्रमुदित होकर मुस्करा रही हो।

आनन्द में सराबोर राजा ने खूब दान-पुण्य किया। फिर चतुर दीवान को आदेश दिया कि जहाँ-कहीं भी हों उन पहुँचे हुए महात्मा को लाने के लिए सौ घोड़े दौड़ाएँ। उनके चरण पखालने पर ही उसका जीवन सार्थक होगा।

एक रत्न ने धीमे-से कहा, 'हुजूर, दो-तीन दिन तो इस प्रकाश की जाँच-पड़ताल कर लेते...।'

'कैसी बहकी-बहकी बातें कर रहे हो?' राजा बीच में टोककर बोला, 'कुछ भी जाँच करने की जरूरत नहीं। अब तो इसके पुरखे भी अपने राज्य की ओर मुँह नहीं कर सकते। तुम्हें इस नये प्रकाश की कुछ विशेषता नजर नहीं आयी?'

'नजर तो आयी अन्दाता...लेकिन...।'

दीवान ने हँसकर टालते कहा, 'अब लेकिन-वेकिन का कोई लफड़ा नहीं।'

'फिर भी एक दिन तो और...।'

'दिन?' दूसरे रत्न ने उसकी बात का विरोध करते कहा, 'रात होने पर ही दिन का हिसाब रहता है। अब तो आठों पहर फकत उजाला-ही-उजाला जगमगाएगा। अब न तो रात होगी और न दिन!'

इस बात का ध्यान तो राजा को भी नहीं था। समझदार रत्न की राय सुनते ही राजा ने जोशियों को खरी हिदायत दी कि वे घड़ियों की गिनती के हिसाब से वार-तिथि का लेखा-जोखा रखें, वरना बहुत झमेला पड़ जाएगा!

किन्तु जोशियों का सौभाग्य कि झमेला पड़ने की नौबत ही नहीं आयी। उजाले की खुशियाँ मनाते-मनाते दिन तो चटपट बीत गया। हमेशा की तरह पश्चिम दिशा की गोद में सूरज धीरे-धीरे समाने लगा तो एक साथ सबके मुँह उतर गये। मगर राजा का बुलन्द हौसला कि उसने हार नहीं मानी। दरबारियों

को धैर्यपूर्वक समझाने लगा, 'युगयुगान्तर से यह चिर अभ्यस्त अँधेरा आसानी से हमारा पीछा नहीं छोड़ेगा। तुम सभी जानते हो कि गुमशुदा गाय भी एक बार तो पुराने खूँटे पर लौट आती है। यह अँधेरा भी कम ढीठ नहीं है। पर हमेशा इस तरह उलीचने से वह जरूर हार-थकेगा। पस्त होगा। दीवान जी, इस काम को तुम पूरी मुस्तैदी से चालू रखो।'

'जो हुक्म अन्दाता!'

लेकिन कुदरत तो दीवान और दरबारियों के उनमान राजा का लिहाज नहीं रखती। कई पखवाड़ों तक उलीचने के उपरान्त भी अँधेरे का सफाया नहीं हुआ। वह तो प्रतिदिन सूर्योदय के साथ लोप हो जाता और उसके अस्त होते ही अपना विकराल रूप लेकर वापस प्रकट हो जाता। आखिर उसकी हठधर्मी के सामने राजा को भी झुकना पड़ा।

मगर अभी तो फकत एक ही उपाय गलत साबित हुआ। यों चुपचाप बैठने से राजा का काम नहीं चलता। कुछ-न-कुछ तरकीब तो फिर सोचनी होगी। बेचारी तरकीब का क्या बूता कि वह राजा के सोचने पर नहीं सूझे!

उस राजा को अपने दीवान और नौ रत्नों पर बेहद अभिमान था। वैसे धुरन्धर विद्वान् किसी दूसरे राज्य में नहीं थे। और न उस जोड़ का राजा भी दुनिया में कोई दूसरा था। सबके साथ बैठकर राजा फिर अँधेरे को मिटाने का उपाय सोचने लगा। मनुष्य की बुद्धि का अन्य प्राणियों से कोई मुकाबला नहीं। तिस पर राजा की शान तो कुछ और ही है। स्वयं ईश्वर भी उसकी मान-मर्यादा का ध्यान रखता है!

दरबारियों को भी नये-नये उपाय सूझते, पर वे राजा को कुछ भी सुझाव देने में संकोच करते। राजा का भय भी मौत के भय से कम नहीं होता। भय मिट जाए तो राज चलता ही नहीं। सचमुच भय के बगैर तो प्रीत भी नहीं होती। तो नया उपाय सोचने की करामात राजा के अलावा पण्डितों में भी नहीं थी। आखिर मगजमारी करते-करते राजा को एक नामी उपाय सूझा। खुशी में बौराया-सा कहने लगा, 'लाख बुरा मानो, तुम सब में एक बड़ी खामी है कि अपनी आँखें खुली नहीं रखते। वरना मेरी तरह बीसियों उपाय सूझने लगें। बोलो, रसोई की दीवारें ईंधन के धुएँ से काली होती हैं कि नहीं?'

'क्यों नहीं होतीं?' दीवान के साथ-साथ नौ रत्नों ने भी जवाब दिया, 'सफेद दीवारें देखते-देखते काली-स्याह पड़ जाती हैं, अन्दाता।'

'और वे काली-स्याह दीवारें वापस सफेद कैसे होती हैं?

इस बार अकेले दीवान ने कहा, 'कैसे क्या हुजूर, दो-तीन बार कूंची से

कलई पोतने पर वापस सफेद हो जाती हैं।'

राजा ने परिहास के आशय से मुस्कराकर पूछा, 'अब भी नहीं समझे?'

राजा के मन का भेद उसके बिना कहे ही सब समझ जाते थे। फिर भी न जाने किस मजबूरी के कारण दीवान को कहना पड़ा, 'नहीं हुजूर, हमारी बुद्धि आप जैसी कहाँ चलती है?'

'तो अब सारी बात खुलासा करके समझानी होगी?' राजा ने गुमान की मुद्रा में फिर एक सवाल पूछा, 'बताओ, यह अँधेरा क्या है?'

बड़ा कठिन सवाल था। सभी दरबारी एक-दूसरे का मुँह जोहने लगे तो दीवान ने हिम्मत जुटाकर कहा, 'अँधेरा तो अँधेरा ही है, गरीब परवर!'

'यही तो गड़बड़ है!' राजा ने जंघा पर थाप देते कहा, 'इतना भी नहीं जानते कि यह अँधेरा तो फकत सूरज की लपटों का धुआँ है!'

सभी दरबारी खुशी में उछलते बोले, 'हाँ अन्दाता, अब कहीं सारी बात समझ में आयी। रसोई के धुएँ की तरह अँधेरे को पोतने से वह भी सफेद-झक्क हो जाएगा!'

स्वयं आश्वस्त होने के लिए राजा ने जोर से पूछा, 'बोलो, होगा कि नहीं?'

'क्यूँ नहीं होगा हुजूर, जरूर होगा!'

'तो दीवान जी, अब सारे राज्य में फरमान भिजवाने का जिम्मा तुम्हारा। देखो ढील न हो।'

राजा के कहने पर ढील होने की गुंजाइश ही कहाँ थी! ढिंढोरा पिटवाने की पूरी तैयारी तो पहले ही कर रखी थी। सो तीसरे दिन ही राज्य की प्रजा दिन अस्त होते ही कलई का घोल और कूचियाँ लेकर अँधेरे को पोतने लगी तो फिर विश्राम का नाम ही नहीं। वही अँधेरा और वे ही कूचियाँ!

आधी रात ढलने पर कृष्णपक्ष की पंचमी का चाँद गगन की कोख से बाहर आया तो धीरे-धीरे चाँदनी घुलने लगी। हाँ, इस बार यह उपाय कुछ तो कारगर साबित हुआ। कलई पोतने से अँधेरा थोड़ा-थोड़ा सफेद होने लगा था। महाबली मनुष्य के हाथों प्रपंच करने पर ऐसी कौन-सी बात है जो पार न पड़े!

आखिर पुताई करते-करते अँधेरा तो दिप-दिप चमकने लगा। ऐसा उजाला तो पहले कभी नहीं हुआ! सूरज की धूप को भी मात करे जैसी पुताई! दीवान ने फिर रंग-महल के बाहर खड़े होकर खुश-खबरी सुनायी, 'अन्दाता, यह उपाय तो जबरदस्त कामयाब रहा। फकत होली-दीवाली पोतने पर ही सूरज की लपटों का धुआँ सफेद-झक्क हो जाएगा।'

राजा ने रंग-महल से बाहर आकर देखा तो दीवान की बात पूरमपूर

सही निकली। दमकते प्रकाश की ओर राजा से देखा तक नहीं गया। आँखें टमकारते बोला, 'पुताई ज्यादा कर दी? आँखें चुँधिया रही हैं!'

'हाँ, जहाँपनाह, भूल हो गयी।' दीवान ने हाँ-में-हाँ मिलाते कहा, 'कुछ तो कलई गाढ़ी थी और कुछ पुताई...।'

'डरने की कोई बात नहीं।' ढाढस बँधाने की मंशा से राजा बीच ही में बोला, 'पहली बार भूल हो ही जाती है। आगे ध्यान रखना।'

दीवान ने हाथ जोड़कर कहा, 'पूरा ध्यान रखूँगा, गरीब-परवर।'

'शाबाश! अच्छी तरह ध्यान रखने से कभी किसी काम में खोट नहीं रहती।'

पर दीवान की चौकन्नी के बावजूद पुताई के काम में पूरी खोट रह गयी। कुदरत को किसी का कुछ भी ध्यान नहीं था। हमेशा की तरह दिन अस्त होते ही अन्धकार तो फिर प्रकट हो गया। वैसा ही अथाह और वैसा ही काला-स्याह! सभी दरबारियों के मुँह साँवले पड़ गये। पर बुलन्द हौसलेवाला राजा हताश नहीं हुआ।

चकवे ने पूछा, 'ध्यान से सुन रही हो न?'

'उफ्फ! बीच में रसभंग मत करो।' चकवी ने चौंककर कहा, 'दुनिया में एक भी ऐसा प्राणी है जो तुम्हारी बात को ध्यान से न सुने? खाने-पीने की भी सुध नहीं रहती! और यह बात तो इतनी शानदार है कि कानों के बिना भी सुनी जा सकती है! बस, तुम कहते जाओ और मैं सुनती रहूँ, सुनती रहूँ!'

चकवे के कण्ठ में जाने कितनी बातें बसी हुई थीं! जीवन सहचरी के मुँह से ऐसी प्रशंसा सुनकर उसके उत्साह में उफान आ गया। ठाठ से कहने लगा, 'कुछ दिन ठहरकर नौ रत्नों को राजा ने अपने पास बुलाया। उन्हें काफी देर समझाने के उपरान्त उसने अन्त में कहा, 'यों निराश होने से काम नहीं चलेगा। तुम मेरे राज्य के नौ सूरज हो। थोड़ा दिमाग लड़ाओ तो बेचारे अँधेरे की क्या औकात जो तुम्हारे सामने टिक सके। आज ही, दिन उगने से घड़ी भर पहले एक मामूली दीये की लौ देखकर मुझे एक नयी बात सूझी। बड़े गौर से समझने की कोशिश करना। दीया जलाने पर उजाला होता है कि नहीं?'

'होता है अन्दाता, हमेशा होता है।' दीवान ने सबसे पहले हामी भरी।

'घर में चूल्हा जलाने पर उजाला होता है कि नहीं?'

इस बार नौ रत्नों ने एक साथ स्वीकार किया, 'होता है अन्दाता, हमेशा होता है। भला, चूल्हा जलाने पर उजाला क्यों नहीं होगा?'

'बस, यही बात अच्छी तरह समझने की है।' राजा दृढ़ विश्वास के साथ

कहने लगा, 'हम अँधेरे को जलाते हैं तो उजाला होता है। उसके जलते ही प्रकाश प्रकट होता है। कुछ समझे या नहीं?'

दीवान और नौ रत्नों ने जोश के साथ जवाब दिया, 'समझ गये गरीबपरवर अच्छी तरह समझ गये। आप समझाएँ और हम न समझें, भला यह कैसे हो सकता है?'

'तो फिर ढील किस बात की?' राजा उतावली दरसाते बोला, 'मेरे राज्य में लाखों आदमी हैं। यदि हर आदमी दोनों हाथों में मशालें लेकर अँधेरे को जलाने लगे तो पीछे मुट्ठी भर राख भी नहीं बचेगी! पूरा नष्ट होने के बाद वह चूँ तक करने के काबिल नहीं रहेगा!'

'हाँ, गरीब-नवाज, यह उपाय तो वाकई बेमिसाल है। बस, राज्य में डोंडी पिटवाने भर की देर है, फिर तो अखूट आलोक हरदम जगमगाता रहेगा।' इतना कहकर दीवान तो अदेर वहाँ से रवाना हो गया। उसके जी को भी कम बवाल नहीं थे।

राज्य का फरमान जारी होने पर किसकी हिम्मत जो विरोध करे। सारे राज्य की रैयत दोनों हाथों में मशालें लेकर अँधेरे को जलाने लगी सो सवेरे तक जलाती रही। पैरों पर खड़े हो सकने वाले बच्चे भी उस महायज्ञ में शामिल हो गये। मनुष्य इतना प्रपंच करे तो कुछ भी असम्भव नहीं! अँधेरा तो जलकर भस्म हो गया और आह तक नहीं भर सका!

राजा ने अपनी बात को प्रमाणित करने के आशय से पूछा, 'क्यों दीवान जी पहले की तरह यह उजियारा सूरज का प्रकाश तो नहीं है?'

राज-दरबार के दीवान तो सवालों के पहले ही जवाब तैयार रखते हैं। हाथ जोड़कर बोला, 'नहीं जहाँपनाह, हरगिज नहीं। बेचारे सूरज की ऐसी सूरत ही कहाँ! यह तो साम्प्रत जले हुए अँधेरे का उजाला है।' फिर उसने नौ रत्नों की ओर देखकर पूछा, 'क्यूँ आपको भी कुछ फर्क नजर आ रहा है कि नहीं?'

'फर्क है तो नजर क्यूँ नहीं आएगा?' नौ रत्नों ने एक साथ गरदनें हिला कर जबाव दिया, 'इस तरह जला हुआ अँधेरा अब तो शायद ही जिन्दा हो सके!'

दीवान और नौ रत्नों के अडिग विश्वास से राजा को भी अपने उपाय पर पुख्ता भरोसा हो गया। शायद दान-पुण्य व निछरावल करने से भरोसा और भी दृढ़ हो, इस उद्देश्य से राजा ने दान-पुण्य में कोई कसर न रखी और न निछरावल में।

मगर कुदरत वामन-पण्डितों की नाईं न दान-पुण्य से राजी होती है, न दीवान व नौ रत्नों के उनमान इनाम-इकरार से और न भिखारियों की तरह

निछरावल से। वह तो अपनी मति से चलती है। अपनी गति से घूमती है। अपने निर्दिष्ट स्थान पर साँझ होते ही पूनम का चाँद उगा। हौले-हौले चाँदनी की आभा सर्वत्र फैलने लगी। दीवान, नौ रत्न और दरबारियों ने सोचा कि अँधेरे को पूरा जलाने में थोड़ी खामी रह गयी। पाँच-सात बार अच्छी तरह जलाने से राजा की तरकीब निस्सन्देह कारगर साबित होगी, इसमें कोई मीनमेख नहीं।

आखिर अँधेरे को जलाने का उपाय भी व्यर्थ हुआ। सभी दरबारियों के मुँह पर कालिख पुत गयी। मगर राजा का तेजस्वी मनोबल रंचमात्र भी मलिन नहीं हुआ। नया उपाय सोचने में सिर खपाने लगा। भला ऐसी कौन-सी गुत्थी है जो मनुष्य के चाहने पर न सुलझे! कुछ दिन अकेले सोचते-सोचते उसे एक नयी युक्ति सूझी। और सूझते ही स्वयं आश्वस्त होने के लिए समस्त दरबारियों की विशेष बैठक बुलायी। दीवान और नौ रत्नों को अपनी समझ पर भले ही अविश्वास हो, किन्तु राज्य के एकछत्र अधिपति की सूझबूझ पर उन्हें इक्कीस आना भरोसा था।

राजा ने भिड़ते ही उनसे पूछा, 'बोलो, हाथी में जबरदस्त ताकत होती है कि नहीं?'

'होती है अन्दाता, उसमें बेजोड़ ताकत होती है।'

'फिर भी साँकल से बाँधने पर उसे काबू किया जा सकता है कि नहीं?'

'किया जा सकता है अन्दाता, बछड़े की तरह काबू किया जा सकता है।'

'तब इतना परेशान होने की क्या वजह है? सूरज अस्त न हो तो अँधेरा भी न हो। पतली-पतली किरणों को रस्सियों से बाँधकर हम सूरज को एक जगह रोक लें तो चिरन्तन प्रकाश होगा कि नहीं?'

'होगा अन्दाता, जरूर होगा।' दीवान ने मस्तक नवाते कहा, 'लेकिन इसके लिए सारे राज्य में ढिंढोरा पिटवाने की दरकार नहीं। सूरज की किरणों को तो शहर के वासी ही जकड़कर बाँध लेंगे। फिर हुजूर के तपतेज की तुलना में बेचारे सूरज की क्या औकात!'

ज्यों-ज्यों शासन की बागडोर ढीली पड़ती गयी, दीवान की चाटुकारिता सीमा का अतिक्रमण करने लगी। पर कुदरत न किसी राजा की खुशामद करती है और न उसका अंकुश मानती है। वह तो अपनी मति से चलती है। अपनी गति से घूमती है। शहर के तमाम नागरिकों ने सूरज की किरणों को बाँधने का खूब प्रयत्न किया, पर सब अकारथ। न उसके तपतेज में कुछ खामी पड़ी और न उसके नितनेम में! वह तो हमेशा की तरह समय पर पश्चिम दिशा में डुबकी लगाकर अदीठ हो जाता। और उसके अदीठ होते ही अँधेरा साँवला रूप धरकर धीरे-धीरे आकाश में व्याप्त होने लगता। इस बार राजा को भी

अँधेरे के सामने पस्त होना पड़ा। न दरबारियों की खुशामद काम आयी और न नौ रत्नों की सूझबूझ।

तत्पश्चात् राज्य का एकमात्र अधिष्ठाता होते हुए भी राजा ने विख्यात पण्डितों को बुलाकर पूछा, 'आज दिन तक मेरा कोई उपाय अकारथ नहीं गया। इस बार यह क्या अनहोनी हुई? मेरे नक्षत्र अचानक इतने खराब कैसे हो गये? अच्छी तरह पंचांग देखकर इसका मायना बताओ।'

राजा ने पूछा तो पण्डितों को मायना बताना ही था। स्वामी के आदेश की अवहेलना कैसे करते? पंचांग में काफी देर नजर गड़ाकर उन्होंने पुख्ता दिनमान बताये। अन्त में क्षमा माँगते हुए अरदास की, 'गरीब-परवर इसके लिए आपको एक टोटका सारना होगा। शंकर भगवान के नन्दी जितना प्रचण्ड खरे सोने का साँड दान करके हुजूर को सात दिन का अखण्ड मौन रखना होगा...।'

'मेरा तो पेट ही फट जाएगा!...सात दिन का मौन?'

'हाँ, गरीब-नवाज, पूरे सात दिन का मौन! एक घड़ी भी कम नहीं।'

'अच्छा!' पण्डितों के ज्ञान से प्रभावित होकर राजा ने माकूल सवाल पूछा, 'किसे दान करना होगा? गरीब-गुरबों को?'

'नहीं, करुणा-निधान, पण्डितों को। नन्दी का स्वर्णदान तो हमेशा पण्डितों को ही दिया जाता है। फिर भी हुजूर के दिल में गरीबों के लिए दया-माया हो तो गणेश भगवान के चूहे का दान...!'

'खूब, बहुत खूब!' दयावन्त राजा ने पण्डितों को बीच में टोककर कहा, 'गणेश भगवान भी किस रूप में कम है? शंकर जैसा औघड़ पिता और पार्वती जैसी ममतामयी माँ!'

'खम्मा-घणी अन्दाता, खम्मा-घणी। आप से क्या छिपा है? आप तो सर्वज्ञ हैं। एक मामूली-सी अरदास आपके चरण-कमलों में प्रस्तुत करना चाहते हैं कि नगर के भीम-तालाब में सतह से सवा हाथ नीचे सात घोंसले खुदवाने का श्रीमुख से आदेश फरमाएँ गरीब-परवर। जब उन घोंसलों में शकुन चिड़िया अलग-अलग अण्डे देगी, तब आपका कोई भी उपाय व्यर्थ नहीं जाएगा। फिर तो सूरज को हथेली में खिलाएँ तो अन्दाता की मरजी और चाँद को ठोकर से उछालें तो हुजूर की इच्छा...।'

बात के बीच में सहसा चकवे ने यों ही खिजाने की मंशा से पूछा, 'रात अब ढलने पर है, तुझे नींद तो नहीं आ रही है?'

तब पति की अक्ल पर गुमान करते चकवी बोली, 'ऐसी उम्दा बात सुनकर तो नींद की भी ऊँघ उड़ जाए, फिर भला मेरी पलकें क्योंकर झपक

सकती हैं?'

अपनी सुमधुर वाणी में चकवा आगे कहने लगा, 'राजा को अपने पण्डितों के पंचांग पर पक्का भरोसा है। उस शुभ दिन की मंगल वेला से ही हजारों-हजार चाकर तैनात हुए सो आज दिन तक उस भीम-तालाब के पानी में सात घोंसले खोदने का अविरल प्रयास कर रहे हैं। जाने कब पानी में घोंसले खुदें, कब शकुन चिड़िया उनमें अलग-अलग अण्डे दे और जाने कब राजा का उपाय सफल हो? पण्डितों के ज्ञान पर राजा को पूरा विश्वास है कि यह टोटका सम्पन्न होने पर उसके राज्य में चिरन्तन प्रकाश जगमगा उठेगा। मनुष्य की आस्था और विश्वास ही बड़ी बात है। हम पंछी-जानवरों की क्या हस्ती कि उसके विश्वास पर सन्देह करें। बस, इत्ती-सी बात और इत्ती-सी रात। अब सो जाएँ तो बिना सुने ही मैं राजा के शानदार सपनों का सुराग लगा लूँगा। यह तो उसके जागते समय की कहानी है।

1 मार्च, 1998, अदीतवार

आशा अमरधन

समन्दर गहरा कि आशा गहरी। धरती भारी कि आशा भारी। पहाड़ अविचल कि आशा अविचल। फूल हलका कि आशा हलकी। हवा सत्वर कि आशा सत्वर। सूर्य प्रखर कि आशा प्रखर। ईश्वर अमर या आशा अमर कि किसी गाँव के पुराने घूरे पर एक किसान की झोंपड़ी थी। साठ-पैंसठ बीघा मगरेटी (पथरीली) जमीन! मारवाड़ में बादलों के भरोसे पानी की बजाय दूसरे-तीसरे बरस कुर्रा या अकाल तो निश्चित टपकते हैं। इस जोखम से बचने के लिए नासमझ किसान ने एक बनिये को बोहरा थरप काटा-मिती और चक्रवृद्धि ब्याज की दर से कुआँ खोदने का दुस्साहस किया। घुटने के बीच दबा बकरा कसाई के हाथ की छुरी से बचे तो 'नौ-कूँटी मारवाड़' का किसान बोहरे के कान में खोंसी कलम से बचे। कुएँ में सहजे का पानी, बोहरे का कर्ज, पाँवों के नीचे मगरेटी जमीन, ऊपर आकाश में अविश्वासी बादल, घर में प्रतिवर्ष ब्यानेवाली जोरू और आठों प्रहर नोचने को ठाकुर—इन छह दुश्मनों के चंगुल में स्वयं भगवान भी फँस जाए तो मुँह में त्रण लेकर उसे सौ बार शिकस्त खानी पड़े। फिर मारवाड़ के जनम-दुखियारे किसान की तो बिसात ही क्या!

पीढ़ियों की अखूट विपदाओं के बीच उस हतभागे किसान के सिर पर एक आफत और ढह पड़ी। प्रतिवर्ष प्रसव से उत्पीड़ित घरवाली तो दो रोते-बिसुरते बैरियों को पीछे छोड़कर उस नारकीय जिन्दगी से हमेशा के लिए छुटकारा पा गयी। पर रक्त-सम्बन्धों की पुश्तैनी आत्मीयता का दावा करते हुए परिजनों ने किसान की भलाई के निमित्त उसका 'नाता' करवा दिया।

...सौतेली-माँ का शुभागमन मौत की अपेक्षा अधिक भयानक होता है।

अबोध बच्चे माँ और 'दुमात' की ममता का भेद क्या जानें? पर बड़े अचरज की बात कि बाप के बदलते स्वभाव और उसकी नजर को अजाने ही भाँप गये। दो बरस की बहन दुमात की मार खाते-खाते आखिर एक बरस के बीर को बहलाना-रमाना सीख गयी।

...यों ढरकते आँसुओं, दुमात की खीज और मारपीट के बीच सचमुच एक बरस बीत गया। बहन तीन बरस की हो गयी और भाई दो बरस का।

बहन-भाई की आँखों को निसिदिन बरसते देखकर बरखा बरसने से डर गयी। किसानों की भूखी-प्यासी आँखें हरदम रीते आकाश की ओर ताकती रहीं पर बादलों के दरसन नहीं हुए सो नहीं हुए। कुएँ में सहजे का पानी तो बादलों के आसरे ही टिकता है।

बनिये का ब्याज तो चालू था, मगर सहजे का पानी खूट गया और किसान की आँखों के स्रोत चारों ओर से खुल गये। यदि कुएँ के साथ-साथ आँखों का पानी भी समाप्त हो जाता तो उस हतभागे किसान के लिए आफत-विपदाओं की आँच से बचना दूभर था।

माँ-बाप ने सलाह-सूत विचार कर मालवा जाने का मानस बनाया। सद्व्यवहार, शिष्टाचार या दिखावा जैसी फालतू बातों से माँ का दूर-दराज तक कोई सरोकार नहीं था। कसैली वाणी में पति को अपने ओजर की बात बतायी, 'इन जमदूतों को साथ लें तो मालवा में भी चैन नहीं मिलेगा। इन्हें यहीं मार-मूरकर खिसक जाएँ तो ठीक रहेगा।'

घरवाली के लच्छन जानते हुए भी उसके मुँह से ऐसी अनहोनी बात सुनकर एक बार तो वह भौचक रह गया! ना, वह कोई दुःस्वप्न या आल-जंजाल का भुलावा नहीं, प्रत्यक्ष निरावृत सच्चाई थी! फिर अनसुनी या अनदेखी कैसे करता? न चाहते हुए भी वह एड़ी से चोटी तक काँप गया। कौन जाने कब किस पर यह बिजली कड़क उठे! उसने सहज-सामान्य रहने की असफल चेष्टा करते हुए अटकते-अटकते कहा, 'गुस्सा आने पर तुझे कुछ भी होश नहीं रहता। क्या कह रही है तू? अपने ही जाये-जनमे बच्चों के साथ यह अकरम कैसे करूँ?'

लेकिन सौतेली माँ तो पूरे होश-हवास में थी। बहुत सोच-विचार के बाद वह इस नतीजे पर पहुँची थी। अपनी सुख-सुविधा और स्वार्थ के परे उसे कुछ सूझता ही नहीं था। मानवीय संस्कारों का आधिपत्य ऐसा ही निर्मम और निर्वैयक्तिक होता है। तब क्या करती, क्या कहती बेचारी! उसे कहीं कुछ भी अनहोनी नजर आए तो उसका उद्विग्न होना स्वाभाविक था। नितान्त नैसर्गिक भाव से उसने समाधान सुझाया, 'तुम्हें हाथ लगाने की भी जरूरत नहीं। मैं बड़ी सफाई से सारा काम सलटा दूँगी।'

आकाश वैसा ही अविचलित रहा। धूप उसी तरह चमकती रही। हवा अपनी चाल से बहती रही। मगर बाप के साँस-उसाँस में मामूली कठिनाई पैदा हो गयी। जैसे गले में कहीं-कुछ फँस गया हो। सहमती वाणी में कहा, 'इस अकरम की खातिर मुझसे तो 'हाँ' भी नहीं भरी जाती। बहुत कमजोर दिल

है मेरा। तेरे जित्ती हिम्मत नहीं है मुझमें।'

'फिर माथे पर सोलह हाथ के सूत का यह बोझ क्यों उठाये फिरते हो?' ताने-तिसने के लहजे में वह कहने लगी, 'हाथों में चूड़ियाँ डालकर, लहँगे-ओढ़नी का वेश पहन लो। गलती से तुम्हें पूछ बैठी। आज पता चला कि तुम कितने कायर हो!'

ये बैन सुनाकर घरवाली बड़े रुआब से झोंपड़ी की ओर बढ़ी। पति ने साहस जुटाकर उसका हाथ पकड़ा। विगलित स्वर में बोला, 'भलीमानुस, इन बच्चों पर नहीं मुझ पर थोड़ी दया विचार। खामखाह ये बाल-हत्याएँ अपने माथे क्यों ओढ़ रही है? मेरा कहा माने तो एक जुगत बताऊँ।'

उसने तो कहीं किसी पोसाल में लिहाज-मुरौवत की बारहखड़ी सीखी नहीं थी। पलटकर जवाब दिया, 'अपनी जुगत अपने पास रखो। इन सँपोलों को मैं हरगिज साथ नहीं लूँगी।'

पति ने सफाई देते कहा, 'मैं साथ लेने की बात नहीं करता। हत्या का पाप भी न लगे और इन अभागों से पीछा छूट जाए, ऐसा उपाय बताऊँ तो मानेगी?

उसका रुख मामूली नरम हुआ। इधर-उधर झाँकते बोली, 'पहले कुछ कहो तो पता चले। मानने जैसी बात होगी तो जरूर मानूँगी। बताओ, तुम्हारा कहा मैंने कभी टाला?'

'तेरी होड़ तो फकत तू ही करती है। मेरे घर की लछमी जो है!' घरवाली को फुसलाने के भाव से उसने कहा, 'हम सबका भला तू नहीं सोचेगी तो और कौन सोचेगा? बस, आठ-दस सोगरों और हँड़िया-भर राब से सारा काम सलट जाएगा। हम आज ही मालवा के लिए रवाना हो सकते हैं। कोई दिक्कत नहीं। बाहर कूँटा लगाकर बच्चों को भीतर छोड़ देंगे। छींके में राब की हाँड़ी और सोगरे धरकर इन्हें अदीठ किस्मत के हवाले कर दें। फकत विदा होते समय तू जरा लाड़ से पुचकार कर कहना कि दिहाड़ी लेकर साँझ को वापस आ रहे हैं। अबूझ बच्चे कुछ दिन तक हमारी बाट देखते रहेंगे। फिर भूखे-प्यासे अपने-आप ही सूखकर पिंजर हो जाएँगे। बहलाने से वे रोएँगे-रींकेंगे नहीं। बता, मुझे कैसा उपाय सूझा?'

सवेरे की ताजी धूप उसी तरह मुस्कराती रही। हवा इठलाती रही। गुलाबी आकाश वैसा ही निश्चल रहा!

घरवाली ने खुश होकर फतवा दिया, 'आज पहली बार तुम्हारे मुँह से समझदारी की बात सुन रही हूँ।'

पति ने मुस्कराने की असफल चेष्टा करते कहा, 'तेरी संगत के बाद ही

मुझ में यह समझ आयी है।'

सियार की प्रशंसा से जब शेर भी खुश हो जाता है, फिर वह तो औरत की जात थी। बुझी-बुझी चाल से झोंपड़ी में जाकर सगी माँ के उनमान सौतेले बच्चों का लाड़-दुलार किया। लूगड़ी के पल्लू से उनकी आँखें पोंछीं। अपने मेहँदी लगे हाथ से उनका मुँह धोया। आँखों में काजल सारकर उन्हें पुचकारा। गुड़ के समान मीठी वाणी में उन्हें बहलाया। यह सोचकर कि अब तो इन दुष्टों से पीछा छूट जाएगा। यदि इतने में ही पति खुश हो तो क्या बुरा है! अपने सगे बेटों से ही जिसने नाता तोड़ लिया, तब उससे झगड़ने में क्या देर लगेगी? लुगाई का ऐसा ताबेदार ढुलमुल पति बड़ी मुश्किल से मिलता है। राब से भरा एक कुल्हड़ और पाँच-सात सोगरे उसने ऊपरी मन से छींके में रख दिये।

पिता का मन धीरज नहीं रख सका तो उसने फिर मिन्नत की, 'आठ-दस सोगरे और धर दे। कुल्हड़ की बजाय राब से हाँड़ी भर दे।'

'कैसी भोली बातें कर रहे हो!' पति का मखौल उड़ाते मुस्कराकर बोली, 'इस खाने से तो पूरे बरस की गरज सरेगी नहीं। ये सँपोले पाँच दिन में ठिकाने लगें तो वही बात और दस दिन में ठिकाने लगें तो वही बात। आखिर एक दिन तो ये मर-खूटेंगे ही। फिर इतना सामान क्यों बरबाद करने पर तुले हो। कुछ तो मगज लड़ाओ!'

पति ने अपनी भूल मंजूर की। सोचा, यह करकसा कहीं बिफर गयी तो जुदाई की वेला बच्चों को पीटे बिना नहीं मानेगी। पति के अन्तस् में दुबका हुआ बाप फिलहाल उन्हें हँसता-मुस्कराता देखना चाहता था। पीछे अदीठ में चिल्लाकर मर भी जाएँ तो कौन देखने आएगा? इनकी मौत किसी भी तरह टलनेवाली नहीं है। यदि इस समय लाड़-दुलार से पुचकारते हुए प्रस्थान करें तो अकुलाते मन को तनिक राहत मिलेगी।

होशियार घरवाली ने पति के मन की बात ताड़ ली। उसका मन रखने की नीयत से दोनों बच्चों का माथा सहलाया। गालों पर चुम्मे दिये। चाशनी की नाईं मीठे स्वर में मुस्कराते बोली, 'मेरे सयाने बच्चो, तुम आपस में लड़ना नहीं। रूठना नहीं। एक-दूजे से प्रेम करना। हम मजूरी करके साँझ की वेला वापस आ रहे हैं। तुम्हारे लिए दो झुनझुने लाएँगे। खूब खेलना-रमना। छींके में राब और सोगरे पड़े हैं। भूख लगे तो खा लेना। टिमची पर पानी की मटकी भरी है। प्यास लगे तो पी लेना। मेरे राज-दुलारो, अब हम जाएँ?'

बच्ची ने गरदन हिलाकर हामी भरी। बच्चे ने तनिक मुस्कराकर अपनी

रजामन्दी दरसायी।

टिमची और छींका दोनों ही इतने ऊँचे थे कि किसी का भी हाथ वहाँ नहीं पहुँचता। और न उन्हें ऐसी बातों की सूझ-बूझ ही थी। जो चीज आँखों के सामने है उसे प्राप्त करने में कैसी अड़चन? नादान शिशु तो अलभ्य चाँद को पकड़ने के लिए भी मचलता है। पर अबोध होते हुए भी आज उन्हें माँ का बरताव बहुत सुहाया। झिड़कियों की बजाय यह लाड़-दुलार! ऐसी मीठी बोली! ठोलों की बजाय मीठे चुम्मे! उनकी खुशी का पार नहीं था।

माँ ने बेटी की ओर देखकर कहा, 'तू बड़ी है, छोटे भाई का लाड़ रखना। उससे डाह मत करना। बाहर का कूँटा लगाकर अब हम जा रहे हैं। साँझ को लौटेंगे। मिल-जुलकर अच्छी तरह रहना।'

तत्पश्चात् निरीह पिता ने दोनों बच्चों को गोद में लेकर उनका दुलार किया। उन्हें बार-बार चूमा। मुस्कराने की चेष्टा की तो उसकी आँखें बरबस भर आयीं। गला रुँध गया। बाप के चेहरे की ऐसी रंगत देखी तो बेटी माँ की ओर मुड़कर तुतलाते बोली, 'माँ, थोड़ा इधर देख, बापू रो रहे हैं। हमारा सोच करने की जरूरत क्या है? हम तो साँझ तक यूँ ही खेलते-कूदते रहेंगे। मैं अपने भैया को खूब रमाऊँगी।'

पिता की दाढ़ी पकड़कर अबूझ बच्चा उससे खेलने लगा तो पत्नी उतावली दरसाते रूखे स्वर में बोली, 'अब इस प्यार को फजूल क्यूँ गँवा रहे हो? चलो, ज्यादा देर करना ठीक नहीं।' झिड़की सुनते ही पति को चेत हुआ। बच्चों को तत्काल नीचे उतारा। फिर युवा पत्नी की ओर याचना भरी दृष्टि से देखकर कहा, 'भलीमानुस, तुझे हाथ जोड़ता हूँ। पाँच-सात सोगरे और रख दे। राब की हाँड़ी पूरी भर दे।'

पति की अव्यावहारिक भावुकता से इस बार वह सचमुच नाराज हो गयी। आँखें तरेरकर बोली, 'इन बेहूदी बातों में कुछ नहीं धरा। अपने पास अधिक सामग्री रहे तो वह काम आएगी। यहाँ फालतू गँवाने से क्या फायदा! यह झूठा दिखावा मुझे अच्छा नहीं लगता।'

इच्छा न होते हुए भी पिता के मुँह से ये बोल छिटक पड़े, 'तुझे यह झूठा दिखावा लग रहा है? बता, तू अपने जाये-जनमों को इस तरह छोड़ सकती है?'

पत्नी को इस प्रश्न का जवाब देने में तनिक भी देर नहीं लगी। सामान्य भाव से कहने लगी, 'यह झूठा दिखावा नहीं तो और क्या है? तुम अपने जाये-जनमों को छोड़कर जा ही रहे हो! ये तो बखत-बखत की बातें हैं। जैसी हवा चले, वैसी ओट लेनी चाहिए। बूढ़े-बुजुर्ग यही सीख दे गये हैं! क्या उस

पर अमल करना बुरा है?'

पुरखों की सीख के प्रति स्वामी के मन में कितना मान-सम्मान था, यह तो वही जाने। पर घरवाली की बात टालना उसके वश की बात नहीं थी।

...कूँटा लगने की खड़खड़ाहट सुनी तो बेटी ने उन्हें याद दिलाने के लिए जोर से कहा, 'बापू! शाम को जल्दी आना। हमारे लिए झुनझुने लाना।'

कभी-कभार शब्दों को कण्ठ से बाहर धकियाना भी पहाड़ को धकियाने जैसा दुश्वार हो जाता है। पिता ने होठों-ही-होठों में कुलबुलाते कहा, 'हाँ... हाँ... लाऊँगा।'

पीपल के पान फरफराते रहे। पंछी इधर-उधर उड़ते रहे। धूप चटखती रही। हवा इठलाती रही। कुदरत के नैसर्गिक कार्य में कहीं कुछ भी व्यतिक्रम नहीं हुआ। सूरज की किरणों का मन्थन जारी था। और पति-पत्नी अपनी राह चल रहे थे।

घरवाली के सिर पर पाथेय की टोकरी थी। रसोई का और भी अटरम-सटरम सामान भरा था। एकाध राली-गुदड़ी भी बँधी थी। मजे से मन-सवा मन का बोझ था। कुएँ के जाव से आगे निकलते ही वह पीछे मुड़कर बोली, 'बोझ तो सारा मेरे माथे पर है। पर तुम्हारे पाँव इतनी मुश्किल से क्यों उठ रहे हैं?'

पति ने सही जवाब देने की भरसक चेष्टा की, पर उससे कुछ भी बोला नहीं गया। भीतर का मवाद बाहर आने के लिए छटपटा रहा था। लेकिन परिण ााम के भय से तमाम शरीर में सिहरन दौड़ गयी। अदेर मन की बात सँवारते बोला, 'अपनी अथक मेहनत से खोदा कुआँ छोड़ने पर टीस तो उठती ही है।'

पत्नी ने राहत की साँस ली। विमुक्त भाव से कहा, 'अब कहीं मन को चैन मिला। मैंने तो सोचा, बात कुछ दूसरी ही है। पर कुएँ में पानी न हो तो हम भी क्या करें? यदि कुएँ का पानी नहीं खूटता तो जिन्दा रहते उसे छोड़ते भला? लाचारी जो न कराए, थोड़ा है। कुएँ में पानी न हो तो उसमें धमाक देने से रहे?'

जाने-अजाने ही पिता की दुखती रग छिड़ गयी। कहने लगा, 'हाँ, यह बात तो मेरी एकदम सही है। इस संसार में सारी माया पानी की है। बस, पानी को तो पानी की माँ ने ही जना है। मरना अच्छा, पर भगवान किसी का पानी नहीं खुटाए!'

वह सही मायना समझ नहीं पायी। हाँ-में-हाँ मिलाते कहा, 'पानी खूटने पर ही तो हम यह आफत झेल रहे हैं। बादल जैसे भरतार ने भी जब मुँह

मोड़ लिया, तब इन ना-कुछ कुएँ की क्या बिसात! अगले बरस सब बातें भली होंगी। बादल रूठ भले ही जाएँ, पर वे सरब दुहाग नहीं देते! इसी सूखे-खनक कुएँ में अगले चौमासे खूब पानी होगा और हम इन्हीं हताश हाथों से कुआँ सींचेंगे। हरी-भरी फसल उपजाएँगे। फसल के दानों की नाईं मेरी कूख भरेगी। बच्चे किलकारियाँ करते तुम्हारी गोद में खेलेंगे। तुम्हें बापू-बापू कहकर पुकारेंगे। मचलेंगे।'

खिली हुई धूप मुस्करा रही थी। उन्मुक्त पवन मचल रहा था। हिरणों की टोली अपनी मौज में मलापती जा रही थी।

पति ने अटकते-अटकते कहा, 'हाँ, यह बात तो होगी ही। दुनिया में एक दिन सब कुछ खूटता है पर मनुष्य के मन से कभी आशा नहीं खूटती। यह अधर-आकाश फकत आशा के सहारे ही जुगजुगान्तर से टिका हुआ है।' फिर पत्नी के पास आकर उसने आग्रह किया, 'ला, यह भार मुझे दे दे। तू काफी थक गयी होगी।'

'तुम इस भार की फिकर मत करो।' पति को आश्वस्त करते उसने कहा, 'बस, तेज-तेज कदमों से चलते रहो। मैं आसानी से थकने वाली नहीं हूँ।'

कोई तीन-चारेक बाँस ऊपर उड़ते हुए जंगली कौओं की पाँत ने मानो उसकी बात का भरपूर समर्थन किया हो—क्राँव-क्राँव-क्राँव! पति ने चौंककर ऊपर देखा तो जरूर पर वह क्षणभर के लिए भी रुका नहीं।

...और यों चलते-चलते आकाश में चारों ओर साँझ घिर आयी। एक गहर-घुमेर बरगद की छाँह में दोनों विश्राम करने के लिए बैठे। पश्चिम दिशा में हलके सिन्दूरी रंग की लाली फैल रही थी। पिता ने अनमने भाव से पूछा, 'बच्चे अपनी बाट जोह रहे होंगे। रात का अँधेरा छाने पर वे जरूर रोएँगे। चिल्लाएँगे। कोई दयावन्त उनकी पुकार सुनकर उन्हें अपने घर ले जाए तो कैसा उम्दा काम बने!'

पत्नी को हलका-सा झटका लगा, मानो माथे पर किसी ढीठ ततैया ने डंक मार दिया हो। क्षण भर के लिए वह तिलमिला उठी। फिर एक गहरा उच्छ्‌वास भरकर तिक्त वाणी में कहने लगी, 'इतनी दूर आने पर भी तुम्हारे मन में वही कसमसाहट टीस रही है? ऐसा ही सनेह उमड़ रहा है तो वापस लौट जाओ। अभी तो कुछ नहीं बिगड़ा।'

पति ने गरदन हिलाते सफाई देनी चाही, 'वापस लौटने की बात मैंने कब कही? पर मन में बच्चों का बिछोह कहीं-न-कहीं साल रहा है। हिम्मत रखने की बहुत कोशिश करता हूँ, फिर भी याद फड़फड़ाये बिना नहीं रहती।'

'यह तो फकत तुम्हारे मन की कमजोरी है।' अँगुलियों के कटके निकालते पत्नी बोली, 'ऐसा कमजोर दिल तो कबूतर का भी नहीं होता।'

अकस्मात् एक टिटहरी का जोड़ा लम्बी उड़ान भरता हुआ उनके सिर पर से गुजरा। अपने बच्चों से मिलने की उमंग में उनके हर्षातिरेक का रोर पिता के कानों को बींध-सा गया। धुँधलायी आँखों से उनकी ओर इशारा करते कहा, 'देख, ये पंछी भी अपने बच्चों से मिलने की खातिर लौट रहे हैं।'

उसने ऊपर देखने की जरूरत भी नहीं समझी। पति के हिये का मरम वह यों ही भाँप गयी। प्रतिवाद करते बोली, 'बेचारे ये पंछी-जिनावर आदमी की जरूरत और चिन्ता के बारे में क्या समझें? क्या जानें? इनमें इतनी बुद्धि ही कहाँ है जो दूर की सोच सकें। भविष्य की सार-सँभाल कर सकें। उसे सँवार सकें। और तो और ये पानी तक भरकर नहीं रख सकते! हर बात प्यास लगने पर पानी की टोह में भटकते रहते हैं। और आदमी अपनी सुविधा के लिए परिण्डे में पानी भरकर रखता हैं। टाँका और कुआँ खुदवाता है। ऊँट, हाथी और घोड़े उनकी जरूरतों के लिए नहीं आदमी की खातिर अपनी पीठ पर बोझा ढोते हैं। अपने गले उतरेगा तो अपनी भूख मिटेगी! आदमी का मगज मिला है तो आदमी की तरह सोचो। समझो।'

पति ने मन-ही-मन फिर अपनी भूल मंजूर की।

साँझ का धूमिल अँधियारा धीरे-धीरे गहराने लगा था।

और उधर बच्चों की झोंपड़ी में गोधूली का उजास सिमटने लगा तो अटपटी वाणी में भाई ने पूछा, 'साँझ ढलने में अब कितनी देर है? माँ और बापू कब आएँगे?'

भाई को आश्वस्त करने के लिए बहन पुचकारकर बोली, 'साँझ तो उनके आने पर ही होगी! उनके आये बिना भला साँझ कैसे हो सकती है?'

आधी रात ढलने पर उसने फिर पूछा, 'क्या साँझ हो गयी?'

बहन उसे थपथपाते कहने लगी, 'साँझ पड़ती तो माँ-बापू आ नहीं जाते? अभी साँझ होने में काफी देर है।'

और उस झोंपड़ी में पूरे बरस तक साँझ पड़ी ही नहीं। उन बच्चों का अडिग विश्वास था कि साँझ पड़ती तो उनके माँ-बाप जरूर आते।

छींके में सोगरे और राब थी। टिमची पर पानी की मटकी पड़ी थी। पर बारह महीनों तक उन्हें किसी तरह का कोई अभाव महसूस नहीं हुआ। न उन्हें कभी भूख लगी और न प्यास। बहन बार-बार भाई से पूछती रही, 'भूख लगे तो मेरे बीर तू रोना मत। छींके में खाना पड़ा है। प्यास लगे तो

तरसना मत, मटकी में पानी भरा है।' पर बहन के लाड़ले बीर को न कभी भूख लगी और न कभी प्यास। और न वह कभी रोया।

पर वह बार-बार बहन से पूछ अवश्य लेता, 'क्या अब तक साँझ नहीं हुई?'

और बहन हर बार एक ही जवाब देती, 'कहाँ हुई? साँझ होती तो माँ-बापू घर आ नहीं जाते?'

बाकी सारी दुनिया में तो हमेशा बखतसर दिन उगता और बखतसर ही ढलता। हमेशा बखतसर ही साँझ होती। पर उन अनाथ बच्चों की झोंपड़ी में बारह महीनों तक लम्बा-ही-लम्बा दिन खिंचता रहा।

पूरे एक बरस के उपरान्त ऋतुओं का प्रत्यावर्तन सम्पन्न हुआ। सावन-भादों के दौरान काले-कजरारे बादल धरती पर ऐसे बरसे कि कुछ मत पूछो! मानो समन्दर ही उलट पड़ा हो। दोनों पति-पत्नी छलकते मन से अपने गाँव लौट रहे थे।

बादलों के पानी का परस पाते ही धरती तो जैसे मुँह बोलने लगी। पत्नी की गोद में चार महीनों का नन्हा बाल-गोपाल था। आकाश के बादलों में मीठा पालर पानी था। माँ के भरे-भरे स्तनों से अमृत के उनमान दूध रिस रहा था। हुलसित धरती को ठोकरें मारती, पल्लू के फटकारे देती वह मस्तानी गति से चल रही थी।

अपने कुएँ की बाड़ के पास आते ही जब माँ की गोद में ऊँघता बच्चा रोया तो उसका रिरियाना सुनकर बाप की आँखों में आँसू छलक आये। वह रुँधे गले से बोला, 'तेरा दिल बहुत मजबूत है। और मैं बेहद डरपोक हूँ। अब तो वे दोनों सूखकर कंकाल हो गये होंगे। पहले तू झोंपड़ी में जाकर उन्हें बाहर फेंकना। मुझसे नहीं फेंके जाएँगे। बस, इतनी दया और कर दे तो तेरा एहसान कभी नहीं भूलूँगा।'

'इसमें दया और एहसान की क्या बात।' पतिव्रता जोरू विनम्र स्वर में बोली, 'पति का कहना तो औरत को मानना ही पड़ता है। मुझे यों भी घर का फूस-कचरा साफ करना है। इसमें हिम्मत जैसी कोई बात नहीं। तुम कन्हैया को कुछ देर गोदी में रखना, मैं सारा काम सुथराई से सलटा दूँगी।'

बादलों में छिपे सूरज की धूप आँख-मिचौनी खेल रही थी। कभी-कभार बिजली कड़क उठती। अलसायी हवा ठण्डी-ठण्डी साँस ले रही थी। बबूल के नीचे छतरी ताने मोर नाच रहा था।

पत्नी तेज-तेज कदमों से और पति सिहरते-धूजते पाँवों से झोंपड़ी के पास पहुँचे तो उन्हें भीतर कुछ फुसफुसाहट सुनाई दी। कानों पर यकायक भरोसा

नहीं हुआ। बाहर का कूँटा जस-का-तस लगा हुआ था। आँखों पर अभरोसा भी कैसे करें? कहीं भूत-पलीतों की लीला तो नहीं है?

माँ कच्ची दीवार से कान सटाकर सुनने लगी। सचमुच झोंपड़ी के भीतर किसी बच्चे की आवाज सुनाई दी, 'माँ-बापू क्यों नहीं आये? क्या अब तक साँझ नहीं हुई?'

बच्ची ने लाड़ से दुलराते ढाढस बँधाया, 'मेरे लाड़ले बीर, अभी साँझ कहाँ हुई? साँझ होती तो माँ-बापू वापस आते नहीं क्या? तू थोड़ी हिम्मत रख...वे हमारे लिए दो झुनझुने लाएँगे।'

बच्चे ने हठ किया, 'दोनों झुनझुने मैं लूँगा।'

'हाँ, दोनों ही तू लेना।' बच्ची ने उछाह से कहा, 'झुनझुने तुझसे बढ़कर थोड़े ही हैं। भूख लगे तो मुझे बता देना। प्यास लगे तो चुप मत रहना। छींके में रोटियाँ और राब पड़ी है। टिमची पर मटकी धरी है।'

माँ के कानों में जैसे किसी ने उबलता तेल उड़ेल दिया हो। उसके पास ही हतप्रभ-सा बाप खड़ा था गुमसुम! संज्ञा-विहीन! उसके मन में खुशी अधिक हुई, दुःख अधिक हुआ कि अचरज अधिक हुआ, खुद उसे भी कुछ पता नहीं चला।

माँ ने उतावली से कूँटा खोला। खड़खड़ाहट सुनकर दोनों भाई-बहन खुशी में तालियाँ बजाते हुए नाचने लगे, 'साँझ हो गयी! साँझ हो गयी! माँ-बापू आये। हमारे लिए झुनझुने लाये।'

पर झुनझुनों के बदले उनके गालों पर दो-दो तमाचे इनायत हुए। रोष के मारे वह दाँत पीसते बोली, 'दुष्ट, हरामजादो, तुम अभी तक जीवित हो? मरे नहीं? तुम शैतानों से तो मौत भी बिदकती है!'

माँ का इतना कहना हुआ कि दोनों बच्चे चकरघिन्नी खाकर अदेर नीचे लुढ़क पड़े। माँ का विकराल रूप देखकर मौत ने उन्हें तुरन्त गले लगा लिया। बाप ने पागल की नाईं उन्हें खूब झिंझोड़ा, तब भी उनकी आँखें नहीं खुलीं। मानो विश्व-जगत् के समूचे आलोक को वे अपने भीतर लील रही हों!

कुदरत किसी के लिए भी आहत या सन्तप्त नहीं होती। वह तो अपनी मौज से अपने हर कार्य-व्यापार में मशगूल रहती है। उसकी मौज हो तो बरसे, न हो तो सूखा पड़े। पर उस दिन वह अपनी मौज में झमाझम बरस रही थी। बादल अपनी गर्जन-तर्जन में मगन थे। बिजलियाँ रह-रहकर अपनी मौज में दमक रही थीं। बाहर धरती की सोंधी गन्ध महक रही थी। और झोंपड़ी के भीतर हाँड़ी में राब की फफूँद मार धधक रही थी। सोगरों पर दीमक की

परतें उभर आयी थीं।...और टिमची पर रखी मटकी का पानी मटकी में ही निःशेष हो गया था। यदि पड़ी-पड़ी मटकियाँ यों पानी सोखती रहें तो प्यासे गलों का क्या हाल होगा?

यह मामूली-सा प्रश्न आज भी युगयुगान्तर से अनुत्तरित है। क्योंकि समन्दरों के होठ सिले हुए हैं और बादलों के कण्ठ अवरुद्ध हैं!!

27 फरवरी, 1998, शुक्रवार

सपना

पर्वतों के पंख, गाछ-बिरछों के पाँव, कुएँ-बावड़ियों के पहिये और बादलों के लिए खम्भ, ईश्वर के चाहने पर भी लगें न लगें...पर एक कठिहारा तो...! ना, शुरुआत में ही बात का खुलासा करने से उसका मजा किरकिरा हो जाता है। समय के साथ-साथ बातों की परतें उघड़ती रहें तो उसका आनन्द ही कुछ और है। तो समस्त चराचर और आदमजाद के लिए परमेश्वर की मेहर-मया अखूट रहे कि एक था कठिहारा। पीढ़ियों से उसके पुरखे जंगल की लकड़ियाँ बेच-बेच कर बड़ी मुश्किल से पेट की दाझ बुझाते थे।

कन्धे पर कुल्हाड़ी, नोड़िये (खींप की घास का रस्सा) का बन्द और लकड़ियों का गट्ठर। बाँहों में ताकत और पाँवों में गाढ़। जितनी पूँजी वैसा ही ठाठ। निपट अकेला होते हुए भी पार पड़ना आसान नहीं था। फिर भी बड़े अचरज की बात कि कठिहारा एकदम स्वस्थ, पुष्ट और खूबसूरत था। धूप में तपा हुआ, ताँबे का-सा रंग। कद-काठी नजर लगे जैसी। छलकती जवानी। डाबर नयन। सुघड़ बत्तीसी। तीखी नासिका। सुहानी बोली। लम्बी भुजाएँ। फटे-पुराने कपड़े भी उसकी सलोनी देह पर खूब फबते थे। जो भी देखता, सबसे पहले थुथकी डालता। फिर एक गहरा उसाँस लेकर कहता, करम-कमाई का मेल न हो तो इसी तरह दुःख उठाना पड़ता है। सूरत तो सात गाँवों के उमराव जैसी। पर खाना-पीना भी मुहाल। कठिहारे का गलीज काम। भरपूर मेहनत और ना कुछ दाम। मगर कठिहारा पूर्ण सन्तोषी था। अपने हाल में मगन। न किसी पर खीज और न किसी से डाह। अपनी नींद सोता और अपनी नींद उठता। आक का झाड़ आम के सघन पेड़ को देखकर जले तो उससे कुछ भी समाधान कहाँ निकलता है। सितारे—सितारों की ठौर टिमटिमाते हैं और सूरज अपनी जगह तपता है।

उस कठिहारे की एक खासियत और थी कि सूखे पेड़ के अलावा हरे और गीले बिरछ पर उसने कभी कुल्हाड़ी नहीं चलाई। उसका मन कहता कि जैसे अपने प्राण, वैसे ही वनस्पति के प्राण। हरे गाछ की देह पर हाथ चलाये, वह अधरमी! समझ लायक उम्र होने पर उसने किसी भी जिन्दा पेड़ का पान तक

नहीं तोड़ा। फिर भी उसे जंगल के एक-एक झाड़-झंखाड़, एक-एक गाछ-बिरछ, एक-एक जड़ी-बूटी और एक-एक बेल का पूरमपूर ज्ञान था। पंछी-जानवरों के स्वभाव की अच्छी-खासी जानकारी थी।

न किसी से यारी और न किसी से बैर। अपनी राह जाता और अपनी राह आता। न जागते हुए कोई बवाल और न सोते हुए कोई जंजाल। लेटते ही खर्राटे भरने लगता। निःस्वप्न गहरी नींद—मीठी और सुहानी। नींद के पालने में पल बीता या बरस, कुछ भी पता नहीं चलता।

हमेशा की तरह साँझ की वेला, लकड़ी का गट्ठर बेचकर, तालाब में नहाने के बाद वह अपने ठिकाने आया। ठिकाना तो क्या, ठिकाने का दस्तूर। एक टूटी-सी झोंपड़ी। ठीहों का चूल्हा। माटी का तवा और माटी की परात। तीन-चारेक कुल्हड़ और एकाध खण्डित बासन। आँटन पड़े हाथों से उसने जौ की रोटी सेंकी। नमक की डली के लगावन से ब्यालू करके उसने काफी देर तक कुल्ला किया। फिर दो-एक करवे ठण्डा पानी पीकर, वह हमेशा की नाईं खाट पर लेट गया।

उस रात एक अनोखी बात घटित हुई। पलकें मुँदते ही उसे एक सपना आया। दिप-दिप दमकता हुआ सोने का राजमहल। सोने का मुकुट पहने वह सोने के सिंहासन पर विराजमान है। चार रूपवती दासियाँ उसे सोने के चँवर डुला रही हैं। अकस्मात् इन्द्र की अप्सरा से भी सवायी एक शाहजादी अपने गुलाबी अधरों पर स्मित मुसकान छितराती हुई, उसके पास आकर खड़ी हो गयी। शाहजादी की मुसकान और उसके अनुपम सौन्दर्य से स्वर्ण-महल की आभा और अधिक निखर आयी। सचमुच, उसके सौभाग्य की क्या सीमा कि उस शाहजादी के साथ, उसका ब्याह हुआ। फूलों की बारिश हुई। जिसकी सौरभ से चारों ओर का वातावरण महक-महक उठा।

कावड़ की नाईं उसकी आँखों के सामने सारी रात वह सपना घूमर लेता रहा। न तो उसकी ऊँघ उचटी और न पलकें उघड़ीं। हमेशा की तरह अल्ल-सवेरे समय पर ही वह उठ बैठा। आकाश की ओर देखा। झिलमिल सितारे आज इतने आकर्षक? सुमधुर शीतल बयार आज इतनी सुहानी? और आज ही उसे यह नया सपना क्यों आया? अजाने ही उसके होठों पर मुसकान थिरक उठी।

कन्धे पर कुल्हाड़ी धरकर उस दिन वह मुसकराता-मुसकराता ही जंगल की ओर रवाना हुआ। मुसकराते-मुसकराते ही सूखी लकड़ियाँ काटीं। गट्ठर बाँधा। और मुसकराते-मुसकराते ही बस्ती में पहुँचा। बस्ती के लोगों ने उसके होठों

पर मुसकराहट की नयी चमक देखी। किसी ने पूछा कि जड़ें खोदते समय धन का गड़ा हुआ कलश तो उसके हाथ नहीं लग गया? किसी ने पूछा कि रास्ते में कहीं खोया हुआ गहना तो नहीं मिल गया? किसी ने जानना चाहा कि इस तरह बेवजह मुसकराने का मतलब क्या है? तब कहीं उस कठिहारे को अपनी मुसकान का खयाल आया। और साथ-ही-साथ उसे मामूली अचरज भी हुआ।

पर दूसरे दिन भी पलकें झपकने की देर कि उसे फिर वही सपना आया। मुसकराहट की आभा थोड़ी और बढ़ गयी। जब तीसरे दिन भी वही सपना फिर आया तो उठते ही वह हँसने लगा सो हँसता ही गया। उसके अजाने, होश के परे की बेजोड़ हँसी थी वह। सुनता वही अचरज करता और मन-ही-मन डाह से जल उठता। मानो वह हँसी, सुननेवालों का मखौल उड़ा रही हो। उसे इस तरह हँसते देख उन्हें असह्य ठेस पहुँचती।

आखिर लोगों ने परेशान होकर पूछा कि कहीं उसका दिमाग तो नहीं चल गया? पागल की तरह बिना बात फकत हँसता ही रहता है। न कोई बात, न कोई चीत। और न हँसने का मायना ही बताता है। बहुत तंग किया तो उसने झुँझला कर कहा, 'न तुम्हारे कान सुनने के काबिल हैं और न मेरा मुँह कहने के काबिल है।'

उसकी यह बेहूदी बात तो हँसी से भी ज्यादा कड़वी लगी। एकलखोरे को अपने कठिहारपन का गुमान भी बहुत है! किसी मनुष्य को मनुष्य ही नहीं समझता। भला, इतनी क्या हेकड़ी?

लोगों का भी एक बेढव स्वभाव कि अपने आचरण से आँखें मूँदकर वे दूसरों की खटपट का हिसाब रखते हैं। दूसरों के जाली-झरोखों से ताक-झाँक करते हैं। छिपी बातों को खुले आम उछालते हैं।

इकट्ठे होकर लोगों ने ठाकुर से अरदास की कि वे उसकी हँसी का मायना पूछें। पहले तो ठाकुर ने कहा कि वह हँसे तो हँसने दो। उसकी हँसी से किसी का क्या बिगड़ता है? किसी की हँसी का मायना कोई क्यों जानना चाहता है?

मुँह लगे अमलों ने कहा, 'आप सच कह रहे हैं...मगर बिना बात हँसना तो ठीक नहीं। आप गाँव के मालिक हैं, गाँव की हर छोटी-बड़ी बात की आपको जानकारी होनी चाहिए। एक बार उसे बुला कर पूछें तो सही कि वह क्यों हँसता है? किस पर हँसता है?'

ठाकुर ने सोचा कि वह कहीं उन पर तो नहीं हँस रहा है? कनवारिये को

भेजकर उसे अदेर बुलाया। कन्धे पर कुल्हाड़ी। सर पर लकड़ियों का गट्ठर। पसीने में तरबम। और वह सचमुच हँसे ही हँसे जा रहा है। देखते ही ठाकुर की चोटी से एड़ी तक आग-आग भभक उठी। डपटकर हँसने का मायना पूछा तो उसने हँसते-हँसते ही जवाब दिया, 'मेरा मुँह कहने के काबिल नहीं है और आपके कान सुनने के काबिल नहीं हैं। पर समझ नहीं पड़ता कि किसी को मेरी हँसी से क्या वास्ता?'

उसकी वाहियात बात सुनकर ठिकाने के अमले स्तब्ध रह गये। मानो कान खुसकर हाथ में आ गये हों। ठाकुर का गुस्सा खदबदाने लगा। कठिहारे को ऐसा हरामी तो नहीं जाना था। कामदार ने क्रोध में बलबलाते कहा, 'नालायक तेरी मौत तो नहीं आयी?'

फिर ठाकुर ने पुचकारकर पूछा। डाँटकर पूछा। पर उसने तो बार-बार एक ही जवाब दिया।

ठाकुर उसे सख्त सजा देने की सोच ही रहा था कि उसे अदेर एक नामी तरकीब सूझ गयी। बदमाश की सारी हेकड़ी उड़नछू हो जाएगी। धमकाते कहा, 'या तो अब अपनी हँसी रोक ले, वरना राजा के सामने पेश करूँगा।'

कठिहारा तो उसी तरह बेबाक हँसता रहा। हँसते-हँसते ही बोला, 'हवा चलती रुके तो मेरी हँसी रुके। आप विश्वास करें, यह हँसी रोकना मेरे वश की बात नहीं है।'

बड़े अचरज की बात कि सपने के उछाह-उछाह में उसकी जीभ से 'अन्नदाता' का बोल निकलते-निकलते कहीं अटक गया। सारी प्रजा के साथ-साथ ठाकुर के चिर अभ्यस्त कानों में भी वह कमी खटकी। ठाकुर ने गुस्से पर नियन्त्रण करके व्यंग्य में कहा, 'जब हँसी रोकना तेरे वश की बात नहीं है तो राजा के पास तुझे हाजिर न करना मेरे वश की बात नहीं है।'

कठिहारे ने हँसते-हँसते ही कहा, 'जैसी आपकी इच्छा।'

ठाकुर का आदेश होते ही चार चौकीदारों ने उस कठिहारे को राजा के दरबार में हाजिर किया। रस्सियों से जकड़ा हुआ कठिहारा तो उसी लहजे में हँसता रहा। दरबारियों समेत स्वयं राजा को भी उसकी हँसी बेहद अखरी। दीवान ने दहाड़कर चुप रहने के लिए कहा तब भी वह हँसते हुए नहीं रुका। राजा ने क्रोध में दाँत पीसते हुए हुक्म फरमाया, 'या तो हँसी का मायना बता, वरना तेरा सर कलम करवा दूँगा।'

कठिहारे ने हँसते-हँसते ही जवाब दिया, 'लगता है कि मरने के बाद भी मेरी यह हँसी नहीं रुकेगी।'

दीवान बोला, 'सर कटने से पहले इसका पता भी तो नहीं चल सकता।'

राजा ने कहा, 'हँसी न रुके तो कोई बात नहीं, मगर इसका मायना तो बता।'

कठिहारे की जीभ पर तो फकत एक ही मायना था। बेहिचक मायना बताया कि उसका मुँह कहने के काबिल नहीं है और राजा के कान सुनने के काबिल नहीं हैं।

गुस्से की लपट के साथ ही राजा को इस बात का डर भी काफी लगा कि कहीं यह कठिहारा बादशाह का जासूस तो नहीं है? वरना इतनी हिम्मत किसकी होती? राजा की समझदार खीज एकदम ठण्डी पड़ गयी। शान्त भाव से बोला, 'मैं तो तेरे पागलपन को माफ कर रहा हूँ, पर बादशाह के सामने भी इसी तरह हँसी न रुके तो मानूँ।'

'यह हँसी किसी का लिहाज नहीं रखेगी।' उसने हँसते-हँसते ही जवाब दिया। जवाब का लहजा सुनते ही राजा का डर पुख्ता हो गया। अच्छा हुआ कि उसे दण्ड नहीं दिया। वक्त पर ऐसी सुमति न सूझे तो वह राजा ही क्या! बादशाह कुछ भी कोर-कसर बाकी नहीं रखेगा। अब तो इसे एक पल भी यहाँ रोकना उचित नहीं। वहाँ भेजने में ही खैरियत है। खामख्वाह यह बला मत्थे क्यों ओढ़नी!

राजा ने पूरी हिफाजत के साथ उसे बादशाह के दरबार में सही-सलामत पहुँचा दिया। मगर कठिहारे की हँसी में कोई रुकावट नहीं आयी। वह तो बादशाह के सामने भी उसी निःसंकोच भाव से हँसता रहा। बादशाह के कलेजे पर मानो दहकता अंगार चिपका हो। इकलौती शाहजादी बीमार और इस गँवार को हँसी सूझ रही है। शायद हँसी के बहाने इसकी मौत ही प्रकट हुई हो। बादशाह की लाल-सुर्ख आँखों से मानो चिनगारियाँ उछलने लगीं। सिंह की नाईं दहाड़कर कहा, 'काफिर! मेरी इकलौती बिटिया की बीमारी में तू बेशर्म की नाईं हँस रहा है। तेरी कजा तो नहीं आयी।'

कठिहारा बेधड़क हँसते-हँसते बोला, 'यदि मेरे रोने से शाहजादी की बीमारी दूर हो तब भी मुझसे रोया नहीं जाएगा। न मेरी इच्छा से यह हँसी छलकती है और न किसी के रोकने पर रुकती है।'

वजीर से पहले ही बादशाह के होठ खुले। पूछा, 'पर चण्डाल! तेरी इस हँसी का मायना तो बता।'

कठिहारे के पास तो एक ही गढ़ा-गढ़ाया मायना था। हँसते-हँसते ही कहने लगा, 'मेरा मुँह कहने के काबिल नहीं है और आपके कान सुनने के काबिल नहीं हैं।'

बादशाह की खीज पर जैसे पलीता लगा हो। नथुनों से गर्म भाप छोड़ते कड़क कर बोला, 'इस नामाकूल की खातिर मौत की सजा तो बहुत कम है। इसे काली-कब्र में पटक दो।'

बादशाह का आदेश सुनने के बाद क्या ढील! चार जल्लाद उचककर आये सो उसे तगतगाते हुए काली-कब्र में कैद कर दिया।

वह कब्र इस कदर काली थी कि दीपक जलाने पर भी वहाँ उजाला नहीं होता था। गहरा, खूब गहरा—ऊबड़-खाबड़ तहखाना। एकदम छोटा। जिन्दा व्यक्तियों के लिए स्याह मौत का जबड़ा। सूरज की किरणों से परे। नीचे काँटे ही काँटे बिखरे हुए। चूहों-चमगादड़ों की गन्दगी व बदबू के मारे साँस तक लेने की इच्छा न हो। फिर भी कठिहारे की हँसी में किसी भी तरह की खामी नहीं पड़ी। उस घनघोर अँधियारे में उसकी हँसी जुगनुओं की भाँति झबझब चमकने लगी। अँधियारे का अस्तित्व सार्थक हुआ। उसका जीवन आलोकित हुआ।

जब काली-कब्र के जल्लादों ने उस अनोखी हँसी की खबर दरबार में पहुँचायी तो बादशाह के आश्चर्य की सीमा न रही। वजीर को साथ लेकर वह उस ऊबड़-खाबड़ कब्र में आया। वजीर ने बादशाह के पधारने की बधाई दी तो कठिहारा उसी भाँति हँसते-हँसते बोला, 'आखिर देश के मालिक को भी काली-कब्र में आना पड़ा। इससे बेशी मेरी हँसी का और क्या करिश्मा हो सकता है?'

कठिहारे की हँसी बादशाह को लौ के उनमान महसूस हुई। कलेजे में अचीती दबक भी बैठी। मन-ही-मन सोचने लगा कि कठिहारे के बहाने कोई औलिया-पीर तो उसकी परीक्षा लेने नहीं आया? उसने सादे लहजे में हँसी का मायना पूछा तो फिर वही जवाब। बादशाह जैसे आया, उसी तरह वापस चुपचाप चला गया।

काली-कब्र के अभेद्य अँधियारे में चमकनेवाली हँसी की चर्चा सुनी तो शाहजादी का मन भी वहाँ जाने के लिए मचल उठा। बादशाह से पूछकर एक बाँदी के साथ वह कठिहारे के पास गयी तो उसे वही नजारा दिखलाई पड़ा। अपनी सुध-बुध खोया कठिहारा अपनी मौज में अबाध हँस रहा था। और उसकी हँसी के फलस्वरूप काले-बहरे अन्धकार में मानो जुगनू अठखेलियाँ कर रहे हों। शाहजादी के विस्मय का न कोई छेह और न कोई पार! और उधर कठिहारा भी पसोपेश में फँस गया कि अकस्मात् मद्धिम-मद्धिम यह उजियारा कहाँ से प्रकट हुआ? उसने आँखें फाड़-फाड़कर देखा—ये औरतें तो इस काली

कब्र में पहली बार ही आयीं। एक अप्सरा के नौलखे हार से उसकी दमकती सूरत में एक अनिर्वचनीय आभा घुल गयी। नजर का परस होते ही स्पष्ट पहचान हो गयी—अरे! यह तो सपनेवाली शाहजादी...! फकत छाया देखकर ही पहचाने जैसी बात थी। तब तो यह काली-कब्र माँ की गोद के समान ही सुखप्रद है। उसकी हँसी का ज्वार और अधिक बढ़ गया। शाहजादी ने मुसकराते हुए पूछा, 'क्या मुझे भी अपनी हँसी का मायना नहीं बताओगे?'

शाहजादी के गले में अक्षरों के बोल फिसलते नजर आये। कठिहारे के कानों में अमृत छलक उठा। उसके मुँह से अजाने एक दूसरा ही प्रत्युत्तर स्वतः छिटक पड़ा, 'शाहजादी! वेला के बोये ही मोती पैदा होते हैं। वक्त आने पर अपने-आप बता दूँगा। आज बताने की वेला नहीं है।'

राम जाने क्या सोचकर शाहजादी ने फिर कोई विवाद नहीं किया। थोड़ी देर तक कठिहारे के होठों पर दमकती हँसी को निर्वाक निरखती रही और बिना कुछ कहे वहाँ से चुपचाप ओझल हो गयी। मानो उस अव्यक्त मौन ही में सब कुछ अपने-आप व्यंजित हो गया हो। किन्तु बड़ी विलक्षण बात कि शाहजादी के अदीठ होने पर भी कठिहारे को उस अभेद्य अँधेरे में एक सूरत दिप-दिप दमकती हुई साफ नजर आ रही थी। यह तो खुली आँखों का सपना है! पलकें मुँदने पर टूटता है। और वह नींदवाला सपना जागने पर विलुप्त होता है। पलकें उघड़ते ही न जाने कहाँ छिप जाता है? तो नींद के सपने में क्या इसी प्रकार साँच दुबका रहता है? या तो दोनों ही सपने भ्रमजाल हैं या दोनों ही प्रत्यक्ष रूप से सच हैं। जब तक चलते हैं सुख-दुःख की झुरझुरी उनके साथ चलती रहती है। टूटने के उपरान्त कहीं कुछ भी नहीं। तब नींदवाले सपने को सच मानने में कैसी अड़चन? कैसा व्यवधान?

जिस प्रकार झूला-झूलते समय चढ़ाव-उतार का एक जैसा ही आनन्द महसूस होता है, उसी प्रकार कठिहारा अपने जीवन के झूले पर दोनों सपनों का समान ही आनन्द लेने लगा।...तो समय के अगोचर परदों में दुबके ख्वाब ने इस तरह अपना स्वरूप दरसाया? प्रत्यक्ष पहचान के पहले वह लोगों को अपनी हँसी का क्या मायना बताता? और बताने पर कौन विश्वास करता। ऐसे सपने देखनेवालों को दुनिया कब जिन्दा रहने देती है।

समय के साथ-साथ जीवन का सपना आगे चलने लगा।...शाहजादी अपनी विश्वस्त बाँदी को साथ लेकर कठिहारे को अपने हाथ से खिलाने लगी। इस तरह दिनभर हँसना तो बादशाह को भी नहीं पोसाता!

काली-कब्र के चारों कोनों में शाहजादी ने चार अमोलक मोती धर दिये।

पर्याप्त उजाला व्याप्त हो गया। कठिहारे को दोनों जून अपने हाथ से खिलाने के उपरान्त वह काफी देर तक वहाँ रुकती। उससे बातचीत करती। अबोध बालिका की नाईं उससे पूछती कि वह किस तरह लकड़ियाँ काटता था? किस तरह गट्ठर जमाता था? किस तरह नोड़िया बटता था? और कैसे गट्ठर बाँधता, उठाता और बेचता था? उसका गाँव कहाँ है, कैसा है? गायों के धारोष्ण दूध की नाईं। कठिहारे के मुँह से पवित्र बोल झरते। न कुछ भी छिपाता और न कुछ भी जोड़ता। निखालिस साँच के अलावा उसकी जीभ कोई दूसरी बात कहने की अभ्यस्त नहीं थी।

शाहजादी चुपचाप बातें सुनती रहती और कठिहारे की सख्त हथेलियों पर वीरबहूटी के समान अपनी सुकोमल अँगुलियाँ फिराती रहती। उस निर्मल विशुद्ध परस के फलस्वरूप कठिहारे की पत्थरनुमा हथेलियाँ गुलाब के उनमान सुकोमल हो गयीं।

कठिहारे की हँसी का मायना समझे बिना ही शाहजादी उसकी देखा-देखी मुसकराने लगी। जैसे पूनम की चाँदनी में किसी अन्य दूज के सलोने चाँद की मद्धिम आभा जुड़ गयी हो।

इस तरह काली-कब्र में खुली आँखों के सामने कठिहारे का सपना अनवरत चल रहा था कि एक दिन शाहजादी उसे बेहद उदास नजर आयी। कठिहारे को हँसते देख, उसने भी मुसकराने की भरसक चेष्टा की, मगर उसके गुलाबी होठों पर मुसकराहट नहीं छितरी सो नहीं छितरी। शाहजादी की उदास और मुरझायी-सी सूरत निहारकर कठिहारे की आँखों में बिजली कौंधी। ऐसी, क्या बात हुई? दूज का चाँद आज विवर्ण क्यों? उसने अधीर होकर मायना पूछा। तब शाहजादी ने धीरे-धीरे आहें भरते कहा, 'शायद बादशाह का राज्य मुझे खुसता नजर आ रहा है।'

कठिहारा उसे धैर्यपूर्वक समझाने लगा, 'खुसनेवाला काम कबूल ही नहीं करना चाहिए। कबूलने पर जितनी खुशी होती है, उससे हजार गुना ज्यादा तकलीफ खुसने पर होती है। पर अचानक खुसने जैसी नौबत क्यों आयी?'

शाहजादी कहने लगी, 'नौबत तो अचानक आयी जैसे ही आयी। दरबारियों की समझ के भरोसे बादशाह का लोभ जागा। और उन्होंने पड़ोसी बादशाह की होड़ कबूल कर ली। बस...अब तो कल-कल की मोहलत बची है। पर अब तक किसी को भी उन चार सवालों का जवाब नहीं सूझा। सभी दरबारी छह दिन से सर खपा-खपा कर हार थके, मगर एक भी सवाल का जवाब पास तक होकर नहीं फटका।'

शाहजादी को उदास देखने के बावजूद कठिहारे की हँसी रंचमात्र भी कम नहीं हुई। उसी तरह हँसते-हँसते ही उसने पूछा, 'ऐसे क्या सवाल हैं? मैं भी तो सुनूँ जरा!'

'अब किसी के सुनने-न-सुनने से कोई फायदा नहीं। जब बड़े-बड़े दिग्गज दरबारियों की अक्ल भी काम नहीं आयी तो एक कठिहारे की समझ से क्या बात बनेगी? राज्य खुसने पर बादशाह और मेरा क्या हाल होगा? यह बात सोचते ही मेरा खून जमने लगता है। अब पता चला कि सारे दरबारी अहमक और मुफ्तखोर हैं। क्यों तो बादशाह उनकी समझ पर एतबार करे और क्यों होड़ का फन्दा गले में फँसे? तिस पर बादशाह वचन के पक्के हैं। जबान हारने की बजाय, वे ऐसे सौ राज्य भी हारना बेहतर समझते हैं। मैंने भी काफी मगज लड़ाया, पर एक भी समाधान नहीं सूझा।'

कठिहारे की हँसी तनिक गम्भीर हो गयी। पूछा, 'आपकी क्या राय है—दरबारियों के सुझाव मुताबिक बादशाह को लड़कर अपना राज्य बचाना चाहिए या अपनी जबान का मान रखना चाहिए?'

शाहजादी क्षण भर के लिए चुप हो गयी। पर दूसरे ही पल कठिहारे की हँसी से शक्ति ग्रहण करते बोली, 'मेरे खयाल से तो बादशाह को अपनी जबान पर ही कायम रहना चाहिए।'

कठिहारे की हँसी का ज्वार कुछ और बढ़ गया। उसने गर्व की नजर से शाहजादी की ओर देखते कहा, 'मुझे आपसे यही उम्मीद थी। खैर, हुआ सो हुआ। बुरा न मानें तो मैं भी जरा अपना मगज लड़ाकर देख लूँ। शायद तलवार की बजाय सूई काम निकाल दे।'

और सचमुच जहाँ दुधारी तलवारों से कुछ भी सहारा नहीं मिला, वहाँ एक नाकुल सूई की मदद से बादशाह का राज्य बच गया।

पड़ोसी बादशाह ने अपना दूत भेजकर चार सवालों का जवाब माँगा था। सवाल सुनने पर पहले तो वे बहुत आसान नजर आये किन्तु ज्यों-ज्यों उन पर विचार करने लगे तो वे एकदम जटिल और झीने बनते गये। जवाबों के साथ-साथ मायना भी अच्छी तरह समझाना था। सही जवाब और सही मायना बताने पर पड़ोसी बादशाह का राज्य हाथ लगेगा और जवाब न मिलने पर पूरा राज्य छिन जाएगा। और बादशाह खजाने से एक कौड़ी तक न ले जा सकेगा। मामूली सवालों के बदले नया राज्य मिलने का प्रलोभन भी कम नहीं था। दरबारियों के उकसाने पर उनकी बुद्धि के भरोसे बादशाह ने अदेर हामी भर ली। मगर लेने के देने पड़ गये।

कठिहारे ने हँसते-हँसते ही चारों सवाल सुने और थोड़ी देर बाद हँसते-हँसते ही चारों जवाबों का खुलासा कर दिया। शाहजादी को पुख्ता विश्वास हो गया कि चारों ही जवाब खरे हैं। कठिहारा गौर से देखता रहा और शाहजादी की उदासी न जाने कहाँ गायब हो गयी? और देखते-देखते उसकी सूरत पर कब एक नयी रौनक झलक उठी, कुछ पता नहीं चला।

कठिहारे को अपने हाथ से खिलाकर वह मुसकराती हुई बादशाह के पास पहुँची। ऐसी विचित्र और अपूर्व थी वह मुसकराहट, मानो छलकते झरने से उछलकर उसके होठों पर चस्पाँ हो गयी हो। उछाह से कहने लगी, 'कल दरबार में चारों सवालों का जवाब मैं दूँगी। आप किसी तरह की चिन्ता न करें।' शाहजादी ने बेइन्तहा धीरज बँधाया, पर बादशाह की चिन्ता नहीं मिटी।

दूसरे दिन राजदरबार में मनुष्यों का खूब ही मेला लगा। पड़ोसी राज्य के अलावा दूर-दूर से उत्सुक भीड़ खिंची चली आयी। राजदूत बादशाह के पास गुमान से बैठा था। आज मोहलत का आखिरी दिन है। उसने सपने में भी नहीं सोचा था कि उन सवालों का कोई सही हल बता देगा। बादशाह की स्वीकृति मिलते ही शाहजादी निःशंक भाव से खड़ी हुई। उसके हाथ में एक मूसल था। दोनों मुँह एकदम समान। बाल बराबर भी फर्क नहीं। वह दूत की ओर देखते कहने लगी, 'आपका पहला सवाल कि इसका तल कौन-सा है और सिर कौन-सा है? पानी में तिराने पर अपने-आप इसकी परख हो जाएगी। तल का हिस्सा भारी होता है और सिर कुछ हलका। जो सिरा पानी के अन्दर अधिक डूबे वह निश्चित रूप से तल है और दूसरा सिर।'

जवाब सुनते ही राजदूत का मुँह उतर गया। एकदम स्पष्ट मायना था। फिर भी चिन्ता जैसी कोई बात नहीं। अभी तो तीन सवाल बाकी हैं। एक-से-एक पेचीदे और जटिल।

शाहजादी अदेर दूत के मन की बात भाँप गयी। उसका हौसला बढ़ गया। आगे कहने लगी, 'आपकी दो घोड़ियाँ अस्तबल में बँधी हैं। एक ही साँचे में ढली हुई। रंग, रूप और कद-काठी हूबहू एक जैसी, मानो घोड़ियों का रोम-रोम परस्पर चोरा हुआ हो। रेशम के धागे जितना भी अन्तर नहीं। आप जानना चाहते हैं कि इनमें माँ कौन-सी है और बछेरी कौन-सी है? इसकी दो पहचान बताती हूँ। तालाब के किनारे पहुँचने पर पानी देखते ही जो घोड़ी मस्ती करे, किलोलें करे, वह बछेरी और जो किलोलें करती घोड़ी को गम्भीरतापूर्वक निहारे, वह माँ है। यदि इस परख से आपका जी न माने तो दोनों पर पानी उछालो। जो घोड़ी ज्यादा दूर कूदे, वह बछेरी और दूसरी माँ। जो उम्र में बड़ी होगी, वह कम कूदेगी।'

इस राज्य में किसी भी बन्दे की ऐसी अक्ल तो नहीं जानी थी। बरसों तक गहराई से सोच-विचार कर पेचीदे सवाल गूँथे और उनका माकूल जवाब एक कमसिन शाहजादी के मुँह से? अब राज्य बचना मुश्किल है। कोई दूसरा विद्वान् होता तो उसे कुछ भी लोभ बताकर वश में कर लेते। दो बार पड़ोसी बादशाह का यह पासा चल गया था। दो छोटे-मोटे राज्य छीन कर ही माना। इस होड़ में राजदूत का ही विशेष आग्रह था। सूली की सजा में कोई खामी नहीं। हाथ जोड़कर, पाँवों पड़कर यहीं रहने की शरण माँग लेगा। सारे शरीर में बिजली-सी दौड़ गयी।

शाहजादी और भी जोश से कहने लगी, 'फीलखाने में आपके दो प्रचण्ड हाथी मौजूद हैं। तोल निकालकर बताना कि कौन किससे कितना भारी है? बहुत बड़ी नाव में बारी-बारी से दोनों हाथियों को चढ़ाकर तोल का सही हिसाब निकाला जा सकता है। जिस हाथी के वजन से नाव पानी में गहरी डूबे, वहाँ तीखे औजार से खोद कर निशान खींच देना है। फिर पत्थर भरकर दोनों निशानों की दूरी को पाटने से वजन का फर्क निकल आएगा। कहें तो रुबरू करके बता दूँ।'

राजदूत ने थूक निगलते कहा, 'नहीं, इसकी कोई जरूरत नहीं। आपकी तरकीब बिलकुल सही है। हम तो बड़ी मुश्किल से इस नतीजे पर पहुँचे थे। पूरे छह महीने लगे।' उसका मन डूबता जा रहा था। अब तो सिर्फ एक सवाल ही बाकी है। उसका राज्य तो चील के एक ही झपट्टे में छिन गया।

शाहजादी होठों तक उछलती मुसकराहट को जबरन दबाते कहने लगी, 'यह चौथा सवाल सबसे ज्यादा मुश्किल है। बड़ी मेहरबानी होगी, यदि एक दिन की मुहलत... ।'

राजदूत अदेर खड़ा होकर कहने लगा, 'नहीं नहीं, एक पल की भी मोहलत नहीं बढ़ सकती। मैंने तो पहले ही साफ बता दिया था कि एक भी सवाल का सही जवाब नहीं मिला तो होड़ हारनी पड़ेगी।' फिर बादशाह की ओर देखकर बुलन्द आवाज में पूछा, 'बोलिए 'कहा था कि नहीं?'

बादशाह सहज भाव से हामी भरते बोला, 'हाँ, कहा तो था।'

'फिर?'

शाहजादी गम्भीर स्वर में कहने लगी, 'कोई बात नहीं। जो तरकीब सूझी बता देती हूँ। पर मुझे भी पूरा भरोसा नहीं है। आपने शायद यही जानना चाहा था कि दिन-रात मंशा मुताबिक खूब चराते-चराते भी किस तरह बकरे को मरियल बनाया जाय?'

'हाँ, बिलकुल यही पूछा था...।'

'तो फिर सुनिये...जहाँ तक मेरा अनुमान है कि सिंह के पिंजरे से कुछ दूर बँधे बकरे को चाहे जितना चराओ-पिलाओ, सिंह की दहाड़ें सुनते ही बकरे का सब खाया-पिया बेकार हो जाएगा। सिंह पर नजर पड़ते ही उसके प्राण सूखने लगेंगे। क्यूँ 'आपका क्या खयाल है?'

राजदूत धप्प से आसन पर बैठ गया, जैसे खड़े रहने की शक्ति एकदम क्षीण हो गयी हो। नजर चुराकर हकलाते कहने लगा, 'हम तो इस तरकीब को तीन बार आजमा चुके हैं। आपकी तरकीब सौ-फीसदी दुरुस्त है। बारह बरस मर-पचकर ये सवाल आजमाये, तब कहीं पुख्ता निचोड़ निकला। सैकड़ों आलिम-इमामों की सामूहिक बुद्धि को आपने सात दिन में ही प्याद-मात दे दी। अब कौल-इकरार के मुताबिक हमारा राज्य आप सँभालिए। मुझे पूरा अधिकार हासिल है। क्या सोच कर आया था और क्या बीती। बादशाह मेरी जान लिए बगैर नहीं मानेंगे...।'

शाहजादी कुछ बोले उसके पहले ही बादशाह ने राजदूत को आश्वस्त करते कहा, 'हारे हुए राजा को किसी के प्राण लेने का क्या अधिकार है? दुआ करो कि उसके प्राण बच जाएँ। बिना लड़े किसी का राज्य छीनना कोई मामूली जुर्म नहीं है। यह तो मेरी शाहजादी ने बाजी रख ली, वरना दरबारियों के भरोसे तो राज्य छिन ही गया था।'

अब कहीं शाहजादी को अपने मन की बात प्रकट करने का मौका मिला। राजदूत की ओर मुँह करके बोली, 'यदि ऐसी ही घबराहट और पछतावा है तो आपका राज्य वापस भी सौंप सकती हूँ।'

प्रतिवाद के आशय से राजदूत गरदन हिलाते कहने लगा, 'ऐसी मेहर...और वह भी औरत के मुँह से! तौबा, तौबा! इसकी बजाय तो हमारे बादशाह भीख माँग कर जीना मुनासिब समझेंगे! उनकी हेकड़ी का आपको अन्दाज नहीं है।'

शाहजादी फकत इतना भर बोली और खामोश हो गयी, 'वह आप जानें।'

शाहजादी की अक्ल के प्रताप से बादशाह हँसी-ठट्ठे में दो राज्यों का मालिक बन गया। उसकी खुशी का न कोई अन्त था और न कोई पार! सूरज का उजाला भी उस खुशी की चमक घुलने से और अधिक जगमगाने लगा। शायद आज की शाम सूरज अस्त भी न हो। सारे दरबार में बिना किसी जश्न के खुशियों की लहरें मचलने लगीं। एक-एक दिल में सौ-सौ दिलों का उल्लास हवा में तितलियों की नाईं नाचने लगा। बादशाह शाहजादी को सीने से चिपकाकर कहने लगा, 'आज मेरा राज्य और मेरा मान तेरी समझ

के कारण दुगुना हो गया। दूसरा राज्य तू ही सँभाल।'

तब शाहजादी अधीर होकर बड़ी मुश्किल से बोली, 'अब तो मुझे सच्चा भेद बताना ही पड़ेगा कि यह मेरी समझ का परिणाम नहीं, काली-कब्रवाले कठिहारे की समझ का करिश्मा है। यदि वह हँसते-हँसते काली-कब्र की सजा भोगने के लिए नहीं आता तो अपना क्या बुरा हाल होता। हारे हुए बादशाह को कोई भीख भी नहीं देता।'

बादशाह अपनी जीत की खुशी में बौराया-सा कहने लगा, 'अब इसकी चिन्ता हारे हुए बादशाह को करने दो, अपनी बला तो टली।'

जब अपने ही मुँह से निकली बात बादशाह के कानों में पड़ी तो वह दहशत के मारे काँप उठा। एक ही घड़ी में यह क्या पासा पलट गया? शाहजादी के कहे मुताबिक इस सनकी कठिहारे का संजोग नहीं जुड़ता तो वाकई शाहजादी के साथ वह दर-दर की ठोकरें खाने को मजबूर हो जाता। यह गुलाब-सी कली काँटों से बिंध जाती। नहीं, नहीं...मेरे रहते कोई इसका बाल भी बाँका नहीं कर सकता। दुनिया से बचाकर इसे मैं अपनी पलकों में छिपाकर रखता। पर आज तो यह कठिहारा मेरे लिए खुदा से भी बढ़कर हो गया। अच्छी तरह उसके दीदार तो करूँ। कहीं खुदा ने ही तो सचमुच मुझ पर मेहर नहीं की है? अब तो एक पल भी यहाँ खराब करना मुनासिब नहीं। दीवान का हाथ पकड़कर काली-कब्र की ओर रवाना हो गया। जैसे सदेह जन्नत में जाने का रास्ता मिल गया हो। दीवान को आदेश न देकर स्वयं बादशाह ने अपने अधीर हाथों से उसकी बेड़ियाँ खोलीं। बार-बार माफी माँगते हुए उसे कसकर गले लगाया। बादशाह की आँखों में पछतावे के आँसू और होठों पर अप्रतिम आनन्द की मुसकराहट खेल रही थी।

तत्पश्चात् हूबहू सपने के मुताबिक शाहजादी के साथ कठिहारे का ब्याह हुआ। वह खुली आँखों से फिर वही सपना निरखने लगा—सोने का दमकता राजमहल! सोने का मुकुट और सोने का सिंहासन। क्या पता उस दिन के सपनेवाली बात सच है कि आजवाली सच बात एक सपना है?

कठिहारे को दोनों राज्य सौंप कर बादशाह तो फकीर बन गया। शाहजादी ने झार-झार रोकर खूब हाथ जोड़े, पाँव पड़ी, पर बादशाह नहीं माना सो नहीं माना। उसके सिर पर हाथ फिराते कहने लगा, 'इस तरह अपनी इच्छा से कबूल की गयी फकीरी, दुनिया भर के तमाम राज्यों से बढ़कर है। अनपढ़ कठिहारे के वचन कितने सही थे कि जिस बात के खुसने से दुःख हो, उसे मंजूर ही क्यों करना चाहिए। तेरे जवाबों से पहले मुझे जितना असह्य दुःख हुआ, उसकी याद से ही रोंगटे खड़े हो जाते हैं। अब दुबारा यह गलती नहीं

करूँगा। और तुझे खुदा के हाथ सौंप कर मैं पूरा निश्चिन्त हूँ।'

कठिहारे ने कुछ भी विवाद करना उचित नहीं समझा। उसी तरह सहज भाव से हँसता रहा। बादशाह की अन्तिम बात सुनकर उसने एक बार जोर से अट्टहास जरूर किया। मानो उसी एक अट्टहास में उसके सारे प्रतिवाद समाहित हों।

सुहाग की अमोलक रात के झिलमिल अँधियारे में बिना पूछे ही कठिहारे ने शाहजादी को विस्तार से सपने की बात बता कर कहा कि उसके हँसने की यह तो वजह है और यह उसका मायना है। और शाहजादी कठिहारे के मुँह से निकले बोल इस तरह पी रही थी, मानो कोई सपना देख रही हो।

किन्तु बेहद अचरज की बात कि सपने का सच बताते ही कठिहारे की हँसी एकदम थम गयी, मानो फूटे घड़े पर लाख लगी हो। शाहजादी ने पूछा तो उसे अपनी हँसी थमने का चेत हुआ। मुसकराने की चेष्टा करते हुए धीमे से बोला, 'न उस दिन की हँसी मेरे वश की बात थी और न आज अकस्मात् उस हँसी का रुकना मेरे वश की बात है।' कठिहारे की बात चुपचाप सुनने के अलावा शाहजादी के लिए कोई दूसरा चारा ही नहीं था।

सपना—सपना था तब तक कितने सुख और हर्ष का बसेरा था। उसके होठों पर हँसी का अथाह समन्दर हिलोरें ले रहा था। और सपना सच होते ही उसकी हँसी अपने-आप बुझ गयी। वह तो उलटा दुखी हो गया। चारों ओर छल-प्रपंच और कुटिलता के जाले! झूठ का गर्जन-तर्जन! साँच की परवश दीनता! खजाने की अमिट लालसा! राज्य खुसने का डर! हवा के रेशे-रेशे में आतंक का जहर! धूप पर कालिख पुती हुई। कदम-कदम पर जोखिम। हर दरबारी की जीभ पर चुगली-चकारी का स्वाद, परनिन्दा की अमिट प्यास। व्यर्थ की आपाधापी। न्याय का भ्रमजाल। अन्याय का बोलबाला। झूठा यश और झूठी माया। थोथा ज्ञान और थोथी शान। गलीज मुकुट और बेहया सिंहासन। झूठे रिश्ते और झूठा मोह। झूठी प्रीत और झूठा विछोह।

कठिहारा लाख चेष्टा करने पर भी समझ नहीं पाया कि कोई क्यों किसी पर राज्य करता है और कोई क्यों किसी की गुलामी कबूल करता है?

शाहजादी बार-बार उसकी दयनीय मनःस्थिति का मायना पूछती और कठिहारा बुझे-बुझे स्वर में हर बार एक ही जवाब देता कि जब उसे ही कुछ पता नहीं तो वह क्या बताये? उसका दिमाग तो सिंहासन पर बैठते ही कुन्द हो गया।

एक बार सोने के पलँग पर नींद नहीं आयी तो नया बादशाह करवट दर करवट बदलने लगा। राम जाने क्या सोचकर बेगम ने हिम्मत बटोर कहा, 'यदि मेरे सहवास से सन्तोष न हो तो दूसरा ब्याह कर लो, मुझे कोई एतराज नहीं है।'

बादशाह ने उसके चिकने बालों में अँगुलियाँ उलझाते कहा, 'तेरी खातिर ही तो राज्य का प्रपंच बर्दाश्त कर रहा हूँ, वरना कब का जंजीर तोड़ कर भाग छूटता। तेरे सहवास से बढ़कर और क्या सुख हो सकता है?'

'फिर इतने खोये-खोये क्यों रहते हो?'

'मुझे ही नहीं मालूम, फिर क्या बताऊँ?'

ढलती रात बड़ी मुश्किल से बादशाह की पलकें झपीं। संयोग का चक्कर कि बादशाह को दूसरी बार एक अजीब सपना आया कि वह सँपेरे का वेश धारे जगह-जगह जंगल में साँप पकड़ रहा है। उसके गले में साँप। उसकी पिटारी में साँप। बस्ती में पूँगी बजा-बजाकर साँप रिझाता है। और जोगन का वेश धारे बेगम पूँगी पर गाती है, नाचती है। बदले में रूखे-बासी टुकड़े जो भी हाथ लगते हैं, झोली में जमा कर लेती है। नौलखे हार के बदले उसके गले में तरह-तरह के लाल, पीले, काले और चितकबरे साँप लटक रहे हैं। दोनों के कपड़े फटे हुए। नंगे पाँव! नाखून बढ़े हुए। बिवाइयाँ फटी हुईं। जंगल-दर-जंगल रात-दिन भटकते रहते हैं। अधभूखे बच्चों का रोना कभी थमता ही नहीं।

कावड़ के उनमान वह सपना बार-बार बादशाह की आँखों के सामने घूमर ले रहा था। अकस्मात् झिझककर उठ बैठा और उसी क्षण जागने के साथ ही वह हँसने लगा सो हँसता ही गया। हँसी की भनक सुनते ही बेगम झटपट खड़ी हुई। अबोध बच्चे की नाईं पूछा, 'फिर कोई सपना आया क्या?'

बादशाह ने हँसते-हँसते ही जवाब दिया, 'हाँ...।'

बेगम ने उसके गले में बाँहें डालकर हठ करते हुए कहा, 'मुझे भी बताओ।'

तब बादशाह हँसते-हँसते ही कहने लगा, 'आज तो मेरा मुँह कहने के काबिल है, लेकिन तुम्हारे कान सुनने के काबिल नहीं हैं। समय आने पर सब पता लग जाएगा। थोड़ा धीरज रखो।'

बेगम ने साफ मना करते कहा, 'नहीं, अब एक पल भी मैं धीरज नहीं रख सकती। तुम सोचते हो कि जोगन की बात सुनकर मैं डर जाऊँगी?'

बादशाह पहले तो कुछ चौंका। फिर उसी तरह हँसते-हँसते पूछा, 'तुम्हें क्योंकर पता चला?'

'मैं भी वही सपना देख रही थी!' सिर्फ इतना ही भेद बताकर वह हँसने लगी तो हँसती ही रही।

अगले ही क्षण बेगम को यह महसूस हुआ कि वह बादशाह के मुँह से हँस रही है और बादशाह को यह महसूस हुआ कि वह बेगम के मुँह से हँस रहा है।

6 जुलाई, 1997, अदीतवार

घड़े की सीख

माँगी मिले सो भीख! मन माने सो सीख। तो रामजी भले दिन दें कि एक था किसान। घर-गृहस्थ की खटपट और खेती के झंझटों से परेशान होकर वह संन्यासी बन गया। फिर भी चैन कहाँ? राम-दुवारे का महन्त बड़ा क्रोधी और निष्ठुर था। जन्मान्ध होते हुए भी उसे तीन भव की सूझती थी। कहाँ फूस नहीं निकाला? कहाँ पोचा नहीं लगाया? बरतन-बासन अच्छी तरह धोये कि नहीं? बिछौने झटके कि नहीं? रात को किवाड़ बन्द किये कि नहीं? दृष्टिवाले के तो फकत दो आँखें ही होती हैं, पर उस अन्धे महन्त के तो न जाने कितनी आँखें थीं! काम में भूल होने पर माफ करना तो जानता ही नहीं था। हाथ लगी किसी भी चीज से पीट डालता, ठौर या कुठौर कहीं भी। डण्डा, लाठी, कमण्डल या थाली कुछ भी चला बैठता। माथा हो या पीठ, सीना हो चाहे पसलियाँ। उस किसान के लिए तो जाप, भजन-भाव और सुमिरन तो खेती से भी कठिन और दुःसाध्य हो गया। कहाँ धर्म, भक्ति और राम! वही प्यास, वही भूख और वही काम। कहाँ ब्रह्मचर्य और कैसा सार? कैसा निर्मल चित्त और कैसा सदाचार? वही वासना और वही व्यभिचार। किसान तो खजूर से गिरकर बबूल में फँस गया। अब जाए तो कहाँ, किस धाम! वही लोभ और वे ही दाम। घर छोड़कर राम की शरण आया, फिर भी वही अशान्ति और वही बेचैनी!

दूर तालाब से पानी ला-लाकर कन्धों पर टाकियाँ पड़ गयीं। एक बार ऊहापोह में उलझा हुआ तालाब की राह धीरे-धीरे चल रहा था कि उसके मन में वही द्वन्द्व मचल उठा। इस तरह निरर्थक जीने का औचित्य ही क्या है? पानी से भरा घड़ा गले बाँध कर पानी में डूब जाय तो पीछा छूटे। बाप का घर छोड़कर राम के आश्रय आया। अब राम के घर से हैरान होकर मौत की गोद में हमेशा के लिए सो जाय तो मनुष्य-योनि का सारा लफड़ा ही मिट जाय। जीवन का स्वाद चख लिया, देखें मौत का स्वाद कैसा होता है?

पानी छानने के लिए उसके कन्धे पर साढ़े तीन या पौने चार हाथ का गमछा लटक रहा था। कमर पर लपेटने से तो छोटा पड़ेगा। इसलिए घड़े के

गले से अपनी गरदन मजबूती से बाँध ली और छपाक-छपाक गहरे पानी में चलने लगा। आत्म-हत्या के समय वह निर्मल ठण्डा पानी उसे बहुत सुहाना और सुखद महसूस हुआ। सम्पुट भर कर पानी पिया तो हृदय में सर्वत्र ठण्डक व्याप्त हो गयी। यह पानी तो जीवन का ही प्रतीक है। हरियाली, फूल, फल, गाछ-बिरछ, दूध, झरने और नदियाँ सब पानी ही की माया है। समस्त चराचर को प्राण देनेवाले पानी में वह आज मौत खोजने आया है। धिक्कार है ऐसी बुद्धि पर, संन्यासी के वेश पर! वह आगे बढ़ने की बजाय कुछ पीछे सरका। अकस्मात् उसकी नजर दूसरे किनारे खड़े सारस-युगल पर अटक गयी। पानी में चोंच डुबाकर सटे हुए थे। शीतल बयार उसके रुण्ड-मुण्ड माथे को बार-बार सहला रही थी जैसे माँ हवा का रूप धरकर उसे आसीस दे रही हो। उसके शतायु होने की कामना कर रही हो!

मगर दुनिया केवल पानी, सारस, गाछ-बिरछ और फूल ही तो नहीं है। घर की झिक-झिक, खेतों के कँटीले झाड़-झंखाड़, रामदुवारा और अन्धा महन्त भी तो है। बाकी दुनिया उसके लिए अदीठ है। जो छाँह करे वह छाया, जो दूर रहे वह माया। वापस रामदुआरे लौटने पर महन्त की वही जहरीली जबान। सारे दिन डाँट-फटकार। हर काम में खोट निकालने की कुबान। डण्डे और कमण्डल की मार। थोड़ी हिम्मत जुटा कर वह फिर पानी में आगे बढ़ा। रामदुआरे की गलीज जिन्दगी से पानी की मृत्यु बेहतर है। अकस्मात् टींटोड़ी का चीत्कार सुनकर उधर देखा। क्या मरने के बाद भी यह कुरलाहट इसी तरह सुनाई देगी? क्या ठण्डे पानी के परस की ऐसी ही सुखप्रद अनुभूति होगी? न हो तो न सही? कोई उम्र भर तो तालाब में खड़े-खड़े ठण्ड की अनुभूति महसूस नहीं की जा सकती। घर का निवास छूटने के बाद रामदुआरे तो जाना ही होगा। और अधिकांश जीवन अन्धे महन्त के साथ ही बिताना होगा। और कुछ भी कष्ट क्यों न दे, मौत कमण्डल से तो नहीं पीटती और न बार-बार कमरे का फूस ही निकलवाती है। नहीं-नहीं, अब पस्त होने से बात नहीं बनेगी। उसने जोर से आँखें बन्द कीं। साहस बटोरकर आगे बढ़ा सो बढ़ता ही गया। प्रकाश की बजाय अँधेरा अधिक आत्मीय लगा!

अकस्मात् गले से बँधे खाली घड़े में पानी भरने की डब-डब आवाज सुनाई दी। मानो कानों में कोई गुनगुना रहा हो—रुक जा, रुक जा!

उसने पलकें उघाड़कर चारों तरफ देखा—कहीं कुछ भी नहीं। सारस की जोड़ी चोंचों का परस करके किलोलें कर रही थी। टींटोड़ी उसी तरह कुरलाहट करके तालाब के चारों ओर परिक्रमा दे रही थी। आँखें बन्द करके फिर आगे

बढ़ा। घड़े की डब-डब के साथ फिर वही चेतावनी—मान जा! जीवन इतना कसैला नहीं है। तू साम्प्रत जीवन के बीच खड़ा मृत्यु की कामना कर रहा है! मरने के बाद बादलों से बरसते पानी को देख सकेगा?

उसने चौंककर फिर आँखें खोलीं। आवाज के स्रोत का कुछ भी सुराग नहीं लगा। वह हताश होकर फिर आगे बढ़ा तो घड़े की वही डब-डब और वही चेतावनी—मेरा कहा मान! मरने का हठ छोड़ दे। मुझ जैसा दुःख तो तू सौ जन्म लेकर भी नहीं झेल सकता। पहले मेरे दुःख-दरद की रामायण सुन ले, फिर जो तेरी इच्छा हो, वही करना।

पानी के भीतर उसकी देह सिहर उठी। उत्ताप महसूस हुआ। यह किसकी आवाज है? किसकी चेतावनी है? होठों-ही-होठों में बड़बड़ाया, 'तू कौन है? मेरे सामने, मेरे पास तो आ...।'

डब-डब की अनुगूँज के साथ उसके कानों में भनक पड़ी, 'अब और कितना पास आऊँ। तेरे गले से बँधा, तुझे सावधान कर रहा हूँ।'

'मगर तू तो माटी का निर्जीव घड़ा है। तुझे मनुष्य के दुःख से क्या सरोकार?'

तब घड़े ने डग-डग हँसते कहा, 'मनुष्य के हाथों मैंने अपार दुःख उठाया है, इसलिए मनुष्य की सही पहचान जितनी मुझे है, किसी और को नहीं। मगर दुःख के बगैर ज्ञान कहाँ? इसीलिए तो मैं मनुष्य के प्रति कृतज्ञ हूँ। यदि मैं दुःख से वंचित रहता तो ज्ञान से भी वंचित रह जाता। और तुझसे हमदर्दी की वजह भी यही है कि तू मनुष्य है। पगले, घड़े जितना ज्ञान तो ऋषि-मुनियों में भी नहीं होता। कोई ज्ञान लेने वाला चाहिए। मैं तो जीवन के आदर्शतम पानी का बासन हूँ। किनारे चलकर पहले मेरी वार्ता तो सुन।'

तब वह संन्यासी पीछे की ओर सरकता-सरकता सचमुच तालाब के किनारे आ पहुँचा। गमछे का बन्धन खोलकर उसने कठपुतली की नाईं घड़े के भीतर झाँकने का प्रयास किया तो घड़ा कहने लगा, 'अभी तो मैं आधा ही भरा हूँ। पहले मुझे ठेठ किनारे तक पूरा भर, जिससे मेरा छलकना तो मिटे।'

मानो किसी जादू के वशीभूत संन्यासी ने वही किया जो घड़े ने कहा। और अगले ही क्षण किसी अदीठ सत्ता का सुगम्भीर सुर उसके कानों में गूँजने लगा, 'तेरी पलकें झपक रही हैं तो झपकने दे। ज्यादा अच्छी तरह सुन सकेगा, ज्यादा साफ देख सकेगा। हाँ, तो अब सुन, मैं अनन्त असीम धरती का पुत्र हूँ। मेरा जन्म बड़ा कष्टप्रद रहा। अश्व, गाय, भैंस व अन्य पशुओं के खुर, मनुष्यों की ठोकरें, कस्सी, फावड़ा, गेती और हल की नोकों से मेरा

कण-कण रौंदा हुआ है। उस दुर्दान्त कष्ट को सहने के बाद माँ की कोख से मेरा जन्म हुआ। फिर आँधी, झंझावत और पवन के प्रकोप से मैं इधर-उधर भटकता रहा। लेकिन माँ का आश्रय छोड़कर मुझे गगन का निवास कभी रास नहीं आया। इसलिए झाड़-झंखाड़, नदी-नाले, पहाड़ की तलहटी और एकान्त टीबों की संगत का मोह मुझसे कभी नहीं छूटा। किसी तरह लुक-छिपकर अज्ञातवास के दिन गिन रहा था कि उतरते आषाढ़ इन्द्र भगवान मेघमालाओं का लवाजमा लेकर ऐसे बरसे कि तुम्हें क्या बताऊँ? बाढ़ की पहली हिलोर में ही मेरा ठिकाना छूट गया। पानी के ऊबड़-खाबड़ बहाव में लुढ़कता-पुढ़कता रहा। तब मुझे न तो कुछ होश-हवास रहा और न कोई सुधि-चेतना रही। तीन बाँस गहरे पानी में दबने की वजह से मेरा कुछ वश नहीं चला। तालाब के घुप्प अँधेरे में मुझे न सूर्य भगवान के दर्शन हुए, न बादल-बिजली और न नौ लाख सितारों के। न पंछी-परिन्दों के और न हरी-भरी वनस्पति के। न फूलों की सौरभ उपलब्ध थी और न गाछ-बिरछों की बयार! भीतर-ही-भीतर घुटता रहा, तड़फता रहा।'

संन्यासी को धीरे-धीरे बोध होने लगा, मानो आज का सूरज एक दूसरा ही आलोक लेकर उदित हुआ हो। जिसकी एक किरण हृदय के भीतर प्रवेश करने लगी थी। घड़े ने उसे सतर्क करते हुए पूछा, 'सुन रहा है कि नहीं?'

उसकी चेतना के अजाने ही होठ खुले, 'सुन रहा हूँ, काफी गौर से सुन रहा हूँ।'

'गौर से ही सुनना चाहिए। कानों की सार्थकता भी यही है कि उनके माध्यम से कोई भी मार्मिक बात ठेठ दिल में उतरे। खास बात तो आगे है। और अधिक ध्यान से सुन। तुम जैसे हताश हतभागों को ही अपनी व्यथा सुनाता हूँ ताकि वे अपना दुःख भूल सकें। वक्त के पराक्रम का भला कौन मुकाबला कर सकता है? समन्दर की जगह रेगिस्तान और रेगिस्तान की जगह समन्दर। पहाड़ की जगह मैदान और मैदान की जगह पहाड़। नदियों की ठौर पठार और पठार की ठौर नदियाँ। वक्त की मार कि सरोवर का पानी समाप्त होने पर मेरा रोम-रोम सड़ने लगा। अनगिनत मरी हुई जोंकें, सड़ी हुई मछलियाँ, पिचके हुए मेंढक और अधमरे कछुओं की बदबू से मेरे प्राण ही सूखने लगे। कलेजा ठौर-ठौर से फटने लगा सो फटता ही गया। तिस पर फटी हुई अगणित दरारों में सूर्य की सहस्र किरणों की चुभन।

'पगले, तू तो इतने ही दुःख की गाथा सुनकर डरने लगा। अभी तो खास यन्त्रणा शेष है। निर्मोही कुम्हार ने आगा सोचा न पीछा, फटे हुए कलेजे की

दरारों में हलबानी घुसेड़-घुसेड़ कर मेरी जड़ें उखाड़ने लगा सो रुका ही नहीं। और उधर उसकी घरवाली पाँयचे मार कर कुदाल से मेरे कलेजे पर प्रहार-दर-प्रहार करती रही। मैंने यह सोचकर धीरज रखा कि इससे ज्यादा दुःख और क्या हो सकता है! किन्तु वह मेरी नादानी थी। गधे के ढाँचे पर लदे ढेलों को अभी बहुत दुःख भोगना था। पति-पत्नी दोनों मिलकर मुझे धरती पर जोर-जोर से पछाड़ते तो मेरा कण-कण टीसने लगता। फिर मोगरी से धमाधम पिटाई। साँस तक लेनी भूल गया। मेरा रेशा-रेशा पींज डाला। सभी अंजर-मंजर ढीले कर दिये। छलनी के छिद्रों से बाहर निकल नहीं पाया तो मुझे झकझोरते रुके ही नहीं।

'बावरे, अभी मेरी त्रासदी का अन्त कहाँ है? पानी के छींटे दे-देकर एड़ियों की रगड़ से दोनों ने मेरा भुरता बना डाला। फिर मेरी काया मसलते हुए उसमें गधे की लीद मिलाई। मैं सुबक-सुबककर खूब रोया पर उनके दिल में तनिक भी दया नहीं उमड़ी। तत्पश्चात् बड़ा लोंदा लेकर मुझे चाक पर चढ़ाया। डण्डे के सहारे घूमते हुए मैंने दुनिया के इतने चक्कर काटे जिसकी कोई गिनती नहीं है कि अचानक कुम्हार ने मेरी सुकोमल देह में मुट्ठी घुसेड़ कर एक गड्ढा बनाया। रोने-बिलखने से छुटकारा पाना सम्भव नहीं था। मजबूत डोरे से झटका देकर मुझे नीचे से काटा, अपनी ही देह से जुदा किया और जमीन पर घर दिया। सोचा, अब तो कष्टों से मुक्ति मिली! पर असली विपदा तो अभी आगे थी। छाया और हवा का परस पाकर मामूली सूखते ही फिर दुखों का सिलसिला शुरू हो गया। कलेजे के भीतर चिकना पत्थर सटाकर ऊपर से थपाथप की मार। कुछ ही देर में बुरी तरह फूल गया। फिर राख मिला-मिलाकर मुझे काफी पीटा। आखिर मेरा कान पकड़कर नीचे रखा। अब तो आफत मिटी। कष्टों का खातमा हुआ। किन्तु बड़भागिन कुम्हारी गेरू और पाण्डु से मुझ पर माँडने उकेरने लगी, तब थोड़ा आश्वस्त हुआ। जी में जी आया। चलो, अब तो यातना का सिलसिला टूटा। मगर मेरे भाग्य में सुख-शान्ति कहाँ लिखी थी! माटे-मटके, हाँड़ी-पारी, घड़े-छुकलिये, मूण-बिलौना इत्यादि छोटे-बड़े कुटुम्ब के साथ मुझे निहाव (आवाँ) में चुना। बावरे, काँप मत। अभी तो अग्नि-परीक्षा बाकी थी। घास-फूस, कँटीली टहनियाँ, खाद-उपले डालकर आग सुलगायी तो लपटें-दर-लपटें लपलपाने लगीं मानो हवा और धूप को ही जला डालेंगी। सारे निहाव में ज्वाल और ज्वाल का ताण्डव नृत्य! समस्त कुटुम्ब-कबीले के साथ मुझे जलना पड़ा। अच्छी तरह पकने के बाद हमें चुन-चुन कर अलग किया। फिर जो भी ग्राहक आता ठोंक-बजाकर हमारी परख करता। फटी-फटी आवाज सुनते ही हमें नापसन्द कर देता। और खरा साबित होते ही उछाह से घर

लाकर हमें रसोई या परिण्डे पर प्रतिष्ठापित करता।'

'इतना कष्ट-सन्ताप झेलकर मैं मरदों के कन्धों पर, पनिहारियों की सुरँगी ईढूँनियों पर गुमान से लबालब भरा, झंकारों की लय के साथ-साथ चलता हूँ। तमाम दुनिया की प्यास बुझाता हूँ। लोग-बाग ठण्डे दिल से मुझे दुआएँ देते हैं। और तू मामूली दुःख से ही परेशान होकर आत्महत्या के लिए उद्यत हो गया? हौसला बुलन्द कर, मुझे कन्धे पर उठा और अपनी राह वापस लौट जा। जब तक जीवित रहेगा, मैं तेरी प्यास बुझाऊँगा। जिन्दा मनुष्य के निमित्त ही यह दुनिया है। ये फूल, यह सौरभ, ये तितलियाँ, ये गुनगुनाते भ्रमर, यह कोयल, ये मोर, ये पानी बरसाते बादल, ये बिजलियाँ, यह हरियाली, यह शहद, ये झरने, ये नदियाँ, ये रस-युक्त मीठे फल, यह फेनोज्वल दूध और यह नवनीत! आनन्द भाव से उन्मुक्त होकर इनका स्वाद चख। रामदुआरे को राम के भरोसे छोड़कर अपनी सद्-गृहस्थी बसा। नौ लाख सितारों से जड़ी सुहागरात का उल्लास प्राप्त कर। तेरी बेल खूब पल्लवित होगी। फलेगी।'

अकर्मण्य संन्यासी ने झिझककर आँखें खोलीं। तालाब के किनारे अपूर्व सुख-आनन्द का घड़ा मुँह तक भरा था। उसके कन्धे की चिर-प्रतीक्षा में आतुर! सामने पंख फड़फड़ाती सारस की जोड़ी चोंच से चोंच मिलाकर किलोलें कर रही थी। अगले ही क्षण अपनी स्मित मुसकान का प्रतिबिम्ब घड़े के स्वच्छ पानी में थिरकता नजर आया तो उसके उत्साह की सीमा नहीं रही। अदेर नीचे झुककर घड़े को उठाया और एक ही झटके में उसे कन्धे पर साभार स्थापित किया। जोश के साथ मुड़कर अपने घर की ओर रवाना हुआ, अत्यधिक उछाह में विभोर। धरती पर अपने अस्तित्व और अपनी उमंगों के पदचिह्न अंकित करता हुआ!

29 जुलाई, 1997, मंगलवार

●●